Bruder Konrad von Parzham – der stille Held

Ein Lebensbild

Maria Zeindl

BRUDER KONRAD VON PARZHAM
DER STILLE HELD

Ein Lebensbild

mit Bildern von historischen Andenken an den Heiligen
und einem Stundenentwurf für den Religionsunterricht

Andachtsbild, um 1960

Bibliografische Information der Deutschen Nationalbibliothek:
Die Deutsche Nationalbibliothek verzeichnet diese Publikation
in der Deutschen Nationalbibliografie; detaillierte bibliografische Daten sind im Internet über http://dnb.dnb.de abrufbar.

© 2018 Maria Zeindl
Herstellung und Verlag:
BoD – Books on Demand, Norderstedt

Fotonachweis:
Alle Fotos von der Autorin. Die Andachtsgegenstände wurden
freundlicherweise von Michaela von Waechter zur Verfügung
gestellt.

Zitate und Textnachweise werden entsprechend der Schreib-
weise der Quellen wiedergegeben.

ISBN: 978-3-746-03060-9

Inhalt

I EINLEITUNG

In seinem Prosaband „Die Heiligsprechung der Hühner"
stellt Michael Groißmeier in dem gleichnamigen Text folgende These auf: „Ginge es nach mir, so sollten alle Hühner heiliggesprochen werden, zumindest die Hühner in
einer Legebatterie; denn diese hätten es sich durch ihr
Martyrium verdient, in die Gemeinschaft der Heiligen
aufgenommen zu werden." Nach einer ausführlichen Beschreibung des Hühnermartyriums kommt er zu dem
Schluss: „Ist da ein Unterschied zwischen einem noch lebend gebrühten Huhn und einem in Öl gesottenen Heiligen?"[1]

Hier ist nicht so sehr die groteske Vorstellung von Hüh-
nern mit Heiligenschein und einem Eisengitter als Märty-
rerinsignium von Interesse, sondern die Tatsache, dass
Heilige im Allgemeinen mit Märtyrern gleichgesetzt werden. Dass Menschen, die in den Stand der Heiligkeit ge-
rückt werden, nicht zwingend für ihren Glauben sterben
müssen, ist eigentlich hinlänglich bekannt. Als „ganzer
Heiliger" gilt aber trotzdem der, der Jesus den Kreuzes-
tod nachstirbt. Für die Gläubigen lässt sich dann viel
leichter ablesen, worin denn die „Heiligkeit" besteht:
Dieser Mensch hat für Gott das Höchste hingegeben, das
er besitzt, nämlich sein Leben.

Schwieriger wird es da für manchen schon zu erkennen,
worin der Anlass zur Heiligsprechung bei einem Nicht-
Märtyrer besteht. Beispiele hierfür sind Therese von

---

[1] Groißmeier, Michael, Die Heiligsprechung der Hühner,
Ergolding 1999. 55f.

Lisieux, Bernadette Soubirous oder auch Bruder Konrad von Parzham. Dieser Mann hat die 75 Jahre seines Lebens vollkommen unspektakulär verbracht, zunächst auf seinem Bauernhof, dann im Kloster. Worin bestand dann aber die Heiligkeit dieser Persönlichkeit und wie sah sein Leben konkret aus? Und was hat der Heilige Bruder Konrad einem modernen Menschen heute noch zu sagen?

Gerade bei der Beantwortung der letzten Frage kommt man sehr schnell zu dem Schluss, dass Konrad „ein Kind seiner Zeit"[2] gewesen ist. Deshalb soll zunächst der zeitgeschichtliche Rahmen abgesteckt werden, in dem Konrad lebte. Anschließend wird die Frömmigkeitshaltung im Bayern des 19. Jahrhunderts näher beleuchtet und mit Konrads Biographie exemplarisch ein Leben geschildert, das genau die Formen und Haltungen der damaligen Frömmigkeit dokumentiert, wenn auch in extremem Maße. Eben in dieser „Überzeichnung" wird für den modernen Menschen die ganze Bandbreite der damaligen Frömmigkeitshaltung greifbar.

---

[2] Sasowski, Reinhard, Bruder Konrad von Parzham. Ein ungewöhnliches Leben. Passau 1993, 25.

II Geschichtlicher Teil

1 Zeitgeschichtlicher Hintergrund

Das ausgehende 18. Jahrhundert war besonders gekennzeichnet von der Französischen Revolution, die ganz Europa in Mitleidenschaft zog.[3] Bei den napoleonischen Kriegen erlebten auch die Rottaler Plünderungen, Brandschatzungen und Einquartierungen durch Truppendurchzüge.[4] Viele Abgaben waren zu leisten, denn die Truppen verlangten Fleisch, Brot, Branntwein und Bier.[5] Das Saatgetreide diente als Futter für die Pferde der Soldaten. Zudem mussten 30.000 bayerische Soldaten den Russlandfeldzug 1813 mit dem Leben bezahlen.[6]

Besonders schwere Jahre waren für die Bauern 1805/06, 1809 (Schlacht von Eggmühl) und 1812/13.[7] Vom Pariser Frieden vom 30. Mai 1814 und dem Wiener Kongress erhoffte man sich ein Ende des Elends. Doch gegen eine Hungersnot 1816/17 waren die Menschen dadurch nicht gefeit. Das ohnehin knappe Getreide fiel der äußerst ungünstigen Witterung zum Opfer. Erst 1818, im Geburts-

---

[3] Kessler, P. Josef Anton OFMCap., Im Dienste Gottes und der Menschen. Altötting 7/1960, 4.

[4] Walser, Gaudentius, Der heilige Bruder Konrad 1818-1894. Alötting 1984, 15.

[5] Eder, Erich, Bruder Konrad von Parzham (Johann Birndorfer), der Heilige des Rottals. In: Bruder Konrad von Parzham. Ein Heiliger des Rottals. Ausstellungskatalog. Passau 1985, 15.

[6] Schmidt, Paul-H., Bruder Konrad von Parzham - Klosterpförtner in Altötting. Jestetten 1994, 10.

[7] Eder, 15.

jahr Bruder Konrads, konnte wieder eine ausreichende Ernte eingefahren werden.[8]

2 Kirchengeschichte des 19. Jahrhunderts

Nach der knappen Darstellung der zeitgeschichtlichen Lage soll der kirchengeschichtliche Rahmen des 19. Jahrhunderts umrissen werden, in den auch die Ereignisse im Bistum Passau und die Frömmigkeitshaltung der Menschen gebettet sind. Gleich zu Beginn des Jahrhunderts fand mit der Säkularisation 1803 ein großer Einschnitt statt. 1808 wurde die alte bayerische Diözesanorganisation aufgelöst, in den 30er Jahren entzündete sich in Köln ein Streit über die Mischehen („Kölner Wirren"), der die ultramontane Ausrichtung der Katholiken verstärkte und die konfessionellen Gegensätze vertiefte.[9] Die Revolution von 1848 betraf die Kirche insofern, als durch die Aufhebung der alten Einkünfte aus Rechten über Grund und Boden auch die Kirchenfinanzen erschüttert wurden. Der Kulturkampf in Preußen und im Deutschen Reich fielen ebenfalls in dieses Jahrhundert, in dem auf dem Ersten Vatikanischen Konzil 1870/71 dann das Unfehlbarkeitsdogma diskutiert wurde.[10]

---

[8] Kessler, 6f.

[9] Gutschera, Herbert, u.a., Kirchengeschichte - ökumenisch, Bd. 2. Stuttgart 1995. 121.

[10] Wurster, Herbert W., Geschichte des Bistums Passau in der Zeit des heiligen Bruder Konrad. In: In Gott verwurzelt, den Menschen verpflichtet. Hl. Bruder Konrad von Parzham. Passau 1994, 11/12.

3 Kirche und Frömmigkeit im bayerischen 19. Jahrhundert

Um die Frömmigkeit im Jahrhundert, in dem Bruder Konrad lebte, zu umreißen, kann man nicht erst in seinem Geburtsjahr 1818 ansetzen. Das einschneidendste Ereignis des 19. Jahrhunderts fand, wie schon erwähnt, mit der Säkularisation von 1802/03 statt. Orden wurden aufgehoben und das katholische Bildungswesen völlig lahmgelegt. Die bewegliche Habe der Kirche wie Mobiliar, liturgische Gerätschaften, Bücher und Kunstschätze wurden verkauft oder verschleudert, die unbewegliche Habe wie Grund und Boden, Gebäude und Klosterwaldungen beanspruchte der Staat als sein Eigentum.[11] Für Regensburg, Aschaffenburg und Wetzlar konnte Fürstprimas Karl Theodor von Dalberg Schlimmes verhindern. In Passau wurden das Kapuziner-, Franziskaner- und Benediktinerinnenkloster aufgehoben. In der Diözese Passau kam für St. Nikola bei Passau, Niederaltaich, Aldersbach, St. Salvator, Asbach u.a. das Aus.[12] Das war umso schlimmer, als im Rottal zahlreiche Pfarreien von Klöstern aus versorgt worden waren. Asbach, Ering, Kirn und Münchham beispielsweise verloren das Benediktinerkloster Asbach als Angelpunkt ihres geistlichen Lebens.[13]

Es blieb allerdings nicht bei diesen Veränderungen im Großen. Die Regierung verfügte 1802, dass im Bereich

---

[11] Hochholzer, Adolf, Wurzeln unseres Glaubens, Passau 1994, 94.

[12] Hartmann, Peter Claus, Das Bistum Passau im 19. und 20. Jahrhundert. In: Ostbairische Grenzmarken 31 (1989), 156.

[13] Wurster, Herbert W., Das kirchliche Leben im Rottal in der 1. Hälfte des 19. Jahrhunderts. In: Bruder Konrad von Parzham. Ein Heiliger des Rottals. Ausstellungskatalog Passau 1985. 34.

des Landgerichtes Griesbach alle Gedenktafeln, Bildsäulen, Kreuze und Statuen des „Herrgott in der Wies" binnen acht Tagen zu entfernen seien. Bei Zuwiderhandlung drohte eine Strafe von 150 Gulden. Dennoch gehorchten die Bauern nur zögerlich und waren empört, als 1804 Umzüge wie die Fronleichnamsprozession und Wallfahrten verboten wurden.[14] Kirchen und Klöster wurden umfunktioniert zu Magazinen, Kasernen oder Militärlazaretten. Viele in diesen Gebäuden befindliche Kunstwerke wurden zerstört oder versteigert. Religiöse Volksbräuche, Christmetten, Weihnachtskrippen und Passionsspiele wurden polizeilich verboten.[15]

Fürstbischof Leopold Leonhard Graf von Thun (1796-1803/26) verließ 1804 die Dreiflüssestadt, da Passau seine Stellung als Residenzstadt und er damit seine Funktion als Reichsfürst verloren hatte. Die Geschicke des Bistums lenkten bis 1806 Johann Graf von Auersperg und anschließend ein geistliches Officium. Zwölf Jahre später war es nicht einmal möglich, die Firmung oder die Priesterweihe in Passau zu empfangen, denn auch der Weihbischof Karl Kajetan Graf von Gaisruck hatte Passau verlassen.[16]

---

[14] Walser, 15/16.
[15] Hartmann, 156.
[16] Hartmann, 155.

3.1 Johann Michael Sailer (1751-1832) [17]

Für Hubensteiner bleibt das 19. Jahrhundert janusköpfig, ein „Jahrhundert zwischen den Zeiten"[18], dessen Frömmigkeit aus verschiedenen Schichten bestand, die oft „mehr ein Gegen- als ein Ineinander"[19] waren. Die Kirche war durch die Aufklärung in sich gespalten, eine Glaubenskrise war die Folge. Johann Michael Sailers volksnahe Pastoral war eine Möglichkeit auf die Zeichen der Zeit zu antworten. Damit überwand der „bayerische Kirchenvater"[20] sowohl den barocken Aszetismus als auch den Utilitarismus der Aufklärung.[21] Er verkörperte selbst einen neuen Frömmigkeitstypus durch seine verinnerlichte, Frieden stiftende und tolerante Religiosität.[22] So prägte er eine Vielzahl von Theologen, die als „Sailerkreis"[23] für die Wiederherstellung der kirchlichen Verhältnisse sorgten. Sie besetzten die Bischofsstühle, lehrten als Professoren an den wiedererrichteten Diözesanhochschulen, lenkten die Geschicke im Domkapitel und leiteten Priesterseminare. Er selbst übte auch auf Gelehrte und Politiker, sogar auf König Ludwig I. großen Einfluss aus.

---

[17] Johann Michael Sailer (1751- 1832), Jesuit, 1784-94 Theologieprofessor in Dillingen, 1799 an der Landesuniversität Ingolstadt, ab 1800 Professor für Moral- und Pastoraltheologie in Landshut, 1821 im Regensburger Domkapitel, 1829 Bischof von Regensburg. Hausberger/ Hubensteiner, 299-302.

[18] Hubensteiner, Benno, Kirche und Frömmigkeit im bayerischen 19. Jahrhundert. In: Ostbairische Grenzmarken XIV (1972), 12.

[19] Hubensteiner, 10.

[20] Hartmann, 156.

[21] Hubensteiner, 6.

[22] Hartmann, 156.

[23] Hubensteiner, 6.

Mit Karl Joseph Freiherr von Riccabona (1826-1839) kam 1826 in Passau ein Anhänger Sailers auf den Bischofsstuhl. Er reformierte die Diözese, visitierte häufig die Pfarreien, um ein seelsorgerliches Optimum zu gewährleisten und förderte die Ausbreitung weiblicher Orden in der Diözese. Die Leitung des 1828 errichteten Priesterseminars übertrug er ebenfalls einem Sailer-Schüler.[24]

Im Bistum Passau ging es damit endlich wieder aufwärts. „Eine besondere Rolle spielten dabei die Rottaler, die sich mit unter den Ersten wieder auf ihre angestammte Frömmigkeit und ihren Glauben besannen. So wurde das Rottal zu einem Zentrum der religiösen Erneuerung."[25]

3.2 Karl August Graf von Reisach (1800-1869)

1836 löste Karl August Graf von Reisach, Bischof von Eichstätt, später Erzbischof von München und Freising Sailer als große Gestalt ab. Eine neue Richtung tat sich auf. Sie kennzeichnete sich durch eine Dialogverweigerung mit der modernen Welt, den Eifer, sich eng an Rom anzuschließen und sich der Neuscholastik zu widmen. „Überhaupt gerät die neue Richtung in eine merkwürdige Verbindung mit der Spätromantik und dem Nazarenertum, steigert sich hinein in einen heftigen Bau- und Purifikationseifer."[26]

---

[24] Wurster, Die Geschichte des Bistums Passau ... 24/ 25.
[25] Wurster, Das kirchliche Leben im Rottal ..., 34.
[26] Hubensteiner, 8.

3.3 Barockfrömmigkeit

Doch neben diesen beiden Komponenten hielt sich eine dritte: es war der „unterirdisch weiterströmende Barock."[27] Die Frömmigkeit der Bürger und Bauern hatte weder die Aufklärung, noch die Säkularisation oder die Reformen Montgelas tiefgehend zu verändern vermocht. Weiterhin wurde das Rosenkranzgebet in der Familie gepflegt, beim Aveläuten im Wirtshaus geschwiegen, bei Familienandachten vor allem der „Armen Seelen" gedacht. Feierliche Prozessionen brachten wieder Glanz in das Kirchenjahr, das Wallfahrtswesen erlebte einen neuen Aufschwung. Auch für Bruder Konrad waren die Fußmärsche zu den kleineren und größeren Wallfahrtsorten der Umgebung ein wesentlicher Bestandteil seiner Frömmigkeit. Und auch für ihn galt, dass gerade der Hauswallfahrt größte Aufmerksamkeit gewidmet wurde. Die Kirche in St. Wolfgang, die schlichte Holzkapelle bei Birnbach, Kronberg bei Griesbach waren Ziele, die fast vor der Haustüre lagen.

Die Volksmission, die auch für Konrad sehr bedeutend war (St. Anna, 1838), beschreibt Hubensteiner als „religiösen Ausnahmezustand"[28], dem sich kein Dorfbewohner entziehen konnte. Die anthropozentrische Frömmigkeitshaltung der Barockzeit vermischte sich in dieser Gestalt mit dem pastoralen Moralismus der Aufklärung.[29] Die Rottaler Bevölkerung war den Volksmissionen gegenüber sehr aufgeschlossen: Von 14 Volksmissionen der Re-

---

[27] Hubensteiner, 9.
[28] Hubensteiner, 10.
[29] Ebd.

demptoristen in den Jahren 1843 bis 1847 fanden allein acht im Rottal statt.[30]

4 Volksfrömmigkeit im Spiegel der Physikatsberichte[31]

Noch einmal soll unterstrichen werden, dass sich die Frömmigkeit des Bruder Konrad nicht der Form nach, sondern der Qualität und Quantität nach von der seiner Landsleute unterschied. „Gebetet, gewallfahrtet und Almosen gegeben haben damals alle", stellt der ehemalige Vorsitzende des Bruder-Konrad-Vereins, Pfarrer Alois Anetseder, fest. „Aber Bruder Konrad tat alles im Übermaß."[32] Konrad Haberger formuliert die Tatsache so: „Nach außen hin fällt vor allem auf, dass er *mehr* betet, *mehr* beichtet, *mehr* Messen und Andachten besucht, *mehr* Wallfahrten geht als seine Rottaler Zeitgenossen, die auch nicht gottlos sind."[33]

Tatsächlich gibt es zuverlässige Berichte, die über die Frömmigkeit des ostbayerischen Landvolkes Aufschluss geben. Es sind dies von Landgerichtsärzten verfasste Beobachtungen über „die religiöse Haltung des Volkes".[34] In einer Ministerialentschließung vom 21. April 1858 wurde man damit dem Willen Max II. gerecht, der schon 13 Jahre zuvor Pläne über eine Volksbeschreibung gehegt hatte.

---

[30] Wurster, Das kirchliche Leben im Rottal ..., 36.

[31] Pötzl, Walter, Ostbayerische Volksfrömmigkeit im 19. Jahrhundert auf der Grundlage der Physikatsberichte. In: Ostbairische Grenzmarken XXX/ 1989. 86-96.

[32] Aus einem Gespräch mit Herrn Dekan Alois Anetseder am 11. August 2000.

[33] Haberger, Konrad, Begegnungen. Winzer 1999, 58.

[34] Pötzl, 87.

Was die allgemeine religiöse Einstellung des Volkes betrifft, waren die Ärzte einer Meinung, ob sie nun über Passau, Wegscheid, Grafenau, Osterhofen, Griesbach oder Vilshofen urteilten: „Es herrscht im Ganzen unter dem Volke noch die feste Anhänglichkeit an die katholische Religion und ihren Ritus."[35] Viele übten aber Kritik, indem sie zu sehen glaubten, dass die Religiosität nur der Form, nicht aber dem Inhalt nach erfasst und ausgeführt würde. Pötzl entlarvt diese Meinung als „typische Position des Akademikers"[36], der nicht wie das Volk die Einheit von Form und Inhalt sieht.

Den Hang zu religiöser Schwärmerei sahen die Ärzte allenfalls bei den Frauen gegeben, „wozu durch die überall verbreiteten Jungfrauenbündnisse die Hauptveranlaßung gegeben ist."[37] Josef Hillmayer, Gerichtsarzt in Pfarrkirchen, bestätigte: „Für Mysticismus und Schwärmerei findet sich bei einem Volke ..., welches seine Beschäftigung ... inmitten einer mit allen Reizen und Gaben der Natur reich ausgestatteten Landschaft sein Leben ... hinbringt, kein fruchtbarer Boden. Mystiker und Schwärmer würden hierzulande von der öffentlichen Meinung ohne feinere psychologische Unterscheidung geradezu als Narren erklärt und mehr oder weniger bemitleidet oder verlacht werden."[38] Dass Bruder Konrad eben nicht von den Rottalern verspottet wurde, bestätigt, dass seine tiefe religiöse Begabung als ehrlich erkannt wurde. Sein Verhalten wurde wohl (auch in dieser tiefreligiösen Re-

---

[35] Pötzl, 89.
[36] Pötzl, 90.
[37] Pötzl, 91.
[38] Pötzl, 92.

gion) als merkwürdig empfunden, doch nach anfänglichen Schwierigkeiten wurde er akzeptiert und manchmal auch bewundert.[39]

Wie er, so beteten auch seine Zeitgenossen bei Tisch, hielten das Rosenkranzgebet an Samstagen und an Vorabenden der Feiertage ein, „beichten und fasten viel", wie der Amtsarzt aus Eggenfelden berichtete.[40] Der Passauer Stadtdoktor Erhard bestätigte, dass die Gläubigen mit der größten Gewissenhaftigkeit zum Gottesdienst kamen und sich dabei auch nicht von schlechter Witterung oder extremer Entfernung abhalten ließen. Daneben wären auch Prozessionen, Missionspredigten und Wallfahrten „in größerem Maßstab"[41] sehr beliebt gewesen. „Kreuzgänge finden alljährlich, unter großem Zudrange des Landvolkes statt, religiöse Vereine, Bruderschaften, Tugendbünde, bestehen in allen Pfarreien"[42] konstatierte der Arzt aus Wegscheid.

Sogar über die Freigebigkeit legten die Ärzte Zeugnis ab. Die Wohlhabenderen spendeten für die Armen mit offenen Händen, wobei die Bauern eher Viktualien als Geld verteilten. Dieser Beobachtung entsprach auch die Familie Birndorfer, bei der, wie noch aufgezeigt wird, kein an die Türe klopfender Bittsteller leer ausging.

---

[39] Sasowski, 1993, 9.
[40] Pötzl, 94.
[41] Ebd.
[42] Pötzl, 94.

Wachsstöckl, um 1950

5 Heiligmäßige Gestalten neben Bruder Konrad im Rottal des 19. Jahrhunderts

In dieser Blütezeit der Frömmigkeit lebten neben Johann Birndorfer noch andere, weniger bekannte „Heilige" intensiv diese tradierte Haltung aus. Michael Bärenwinkler, Johanns Jugendfreund aus St. Wolfgang, war einer davon (siehe Punkt 19.1). Auch Isidor und Benedikt Winklhofer aus Bad Höhenstadt konnte ein tugendmäßiger Lebenslauf bescheinigt werden. Isidor starb 1863 unverheiratet im Alter von 41 Jahren, nach einem kurzen Leben im Stile Johanns. Sein 2 Jahre jüngerer Bruder Benedikt (+1894) hinterließ Briefe, die einen Einblick geben in seine eigene tiefe Religiosität. Er heiratete und wirkte als Landtags- und Reichstagsabgeordneter.[43]

In Pfarrkirchen lebte zu dieser Zeit Maria Beatrix Schumann (1823-1884). Sie war eine stigmatisierte Visionärin. In Eggenfelden wurde 1842 P. Viktrizius Weiß geboren, der Bruder Konrad 1894 beerdigte. 1924 starb er in Vilsbiburg im Rufe der Heiligkeit. Heute machen sich die Kapuziner im Kloster in Altötting sehr verdient um die Vorantreibung seines Seligsprechungsprozesses.

Ebenfalls seliggesprochen werden soll der Karmelitenbruder Frater Aloisius Ehrlich (+1945). Er wurde 1869 in Massing geboren und verbrachte sein Ordensleben in Bamberg.

Weitere wichtige Größen sind Andreas Steinhuber (1825 - 1907), der Passauer Dompropst Franz Seraph Pichler (*1852 in Asenham, +1927) und Dr. Franz Seraph Riemer,

---

[43] Winklhofer, 1979, 29.

Dompropst und Generalvikar in Passau, der in den letzten Jahren der Amtszeit des Bischofs Sigismund Felix Freiherr von Ow-Felldorf (1907-1936) praktisch das Bistum leitete.[44] Pichler war ein „Mann der Macht und des Gestaltungswillens"[45], der von diesem Aspekt her als Gegenbild zu Konrad gesehen werden kann.

Durch die Betrachtung dieser „Heroenreligiosität Höchstbegabter"[46] kommt Winklhofer zu dem Ergebnis: „Das Rottal des vorigen Jahrhunderts war ein Gnadenland, ein Herrgottsland, und da merkt man nichts von einem „gnadenlosen Jahrhundert". Man kann sagen, das Rottal des vorigen Jahrhunderts hat einen Heiligenhimmel einzigartigen Glanzes, Ausdruck der Gläubigkeit und Frömmigkeit dieses niederbayerischen Landstriches.(...) So wissen wir, dass der Birndorfer Johann keine rare einzelne Gestalt ist, die dies Bauernland hervorgebracht hat."[47]

---

[44] Hartmann, 161.
[45] Wurster, Herbert W., Die Geschichte des Bistums Passau ..., 33.
[46] Hubensteiner, 9.
[47] Winklhofer, 1979, 30.

III BIOGRAPHIE

DAS LEBEN DES HEILIGEN BRUDER KONRAD VON PARZHAM

Pfarrer Hans Striedl schreibt, der Steckbrief des Bruder Konrad sei enttäuschend einfach.[48] Für den postmodernen Karrieremenschen mag das geradlinig verlaufene Leben des Kapuziners in der Tat unspektakulär klingen, vor allem im Hinblick auf die Frage, was er denn in seinem Leben „geleistet" habe. Die Fakten und Erzählungen über diesen doch außergewöhnlichen Menschen können helfen, ihn näher kennenzulernen.

1 Familie Birndorfer

Drei Tage vor dem Weihnachtsfest im Jahr 1818 kam auf dem Venushof zu Parzham kurz nach Mitternacht ein Junge zur Welt. Noch am selben Tag wurde er in der Pfarrkirche St. Wolfgang von Pfarrer Josef Lind getauft.[49] Der Eintrag im Taufbuch von St. Wolfgang lautet: *„Johann Evangelist, lebendgeboren; Hebamme Katharina Haas; Vater Bartholomäus Birndorfer, Bauer, kath., auf dem Venussengut zu Parzham; Mutter Gertraud Niedermayerinn, dessen Eheweib; geboren 22. Dezember 12 Uhr nachts, getauft eodem die 9 Uhr früh in Wolfgang von Josef Lind (Pfarrer); Pate Johann Hofer, Bauer auf dem Pfandlgut zu Aicha, Karpfham."*[50]

---

[48] Striedl, Hans, Bruder Konrad - Ein Lebensweg auch für heute? In: In Gott verwurzelt, den Menschen verpflichtet. Hl. Bruder Konrad von Parzham. Passau ²1994. 45.

[49] Kessler,7.

[50] Walser, 20.

Die Birndorfer (Pierndorffer, Pyrndorffer, Pürndorffer), zu deren Geschlecht Johann zählt, sind frühestens 1379 als Rottaler Geschlecht bezeugt.[51] Sie gehörten bis 1704 zum mittelalterlichen Bauernadel, der seinen Stammsitz in Birndorf (Pfarrei Karpfham) hatte.[52] Bis heute ist diese Familie nicht ausgestorben.

Georg Birndorfer, aus einer Sägemühle in Bayerbach stammend, heiratete 1767 Barbara Venus vom Venushof in Parzham, wo das Paar sein Leben lang den Hof bewirtschaftete. Auf diese Weise kam der Name „Birndorfer" auf das Gut und wurde weitergegeben durch Bartholomäus, den Sohn der beiden. Er heiratete als 26jähriger die fünf Jahre jüngere Gertraud Niedermayer aus dem nahegelegenen Kindlbach. Ihre beiden Großmütter waren Schwestern gewesen, sodass für die Hochzeit am 24. Juli 1800 der kirchliche Dispens erforderlich war.[53] Als Traupriester wirkte Vikar Thomas Zängl, als Trauzeuge der Schulmeister Nachreiner.[54]

Am 22. Dezember 1818 brachte Gertraud nun ihr elftes Kind zur Welt.[55] Von den zehn Geschwistern, die Johann demnach hätte haben müssen, waren vier bereits im Kindesalter gestorben. Es waren dies das zweite Kind Josef und das dritte Kind Gertraud, die beide im Alter von drei

---

[51] Winklhofer, 7.
[52] Schmidt, 12.
[53] Winklhofer, 1979, 12.
[54] Ebd.
[55] Es findet sich in der Literatur auch die Zählung von nur 10 Kindern. So bei P. Dr. Hoedl, Bruder Konrad. Ein Pilgerbüchlein. Altötting [8]1997, 10.

Monaten verstarben. Georg und Gertraud (fünftes und achtes Kind) lebten ebenfalls nur einige Monate.

Ein Stammbaum[56] kann einen Überblick über die Familienverhältnisse verschaffen:

Georg Birndorfer   ∞   *Barbara Venus*
Sägmüllerssohn, Bayerbach   Venus-Tochter, Parzham
(1740 - 1809)   (1739 - 1793)

Sohn:

Bartholomäus Birndorfer ∞ *Gertraud Niedermayr*
Venushof, Parzham   Kindlbach
(1774 - 1834)   (1779 - 1832)

Kinder:

1   *Maria (1800 - 1858)*
2   *Josef (1801 - 1802)*
3   *Gertraud (gest. 1803 im Alter von 2 Monaten)*
4   *Josef (1804 - 1863)*
5   *Georg (gest. 1805 im Alter von 4 Monaten)*
6   *Theresia (1806 - 1893)*
7   *Bartholomäus (1808 - 1854)*
8   *Gertraud (gest. 1809 im Alter von 2 Monaten)*
9   *Gertraud (1812 - 1885)*
10 *Georg (1815 - 1892)*
11 *Johann Evangelist (1818 - 1894)*
12 *Anna (1820 - 1875)*

---

[56] Vereinfacht dargestellt nach Bergmann, Georg, Bruder zwischen gestern und morgen. Konrad von Parzham. Passau 1974, 374/375.

Maria, die Erstgeborene erblickte am 7. Dezember 1800 das Licht der Welt. Sie heiratete 1836 Johann Eichinger. Bis 1911 waren ihre Nachkommen in Besitz des Venushofes. Ihr Bruder Josef wurde 59 Jahre alt (21. Februar 1804 - 23. März 1863). Die zweite Tochter, Theresia, starb nur ein Jahr vor Bruder Konrad. Bartholomäus erlebte die Jahre zwischen 1808 und 1854. Vor Johann kamen noch Gertraud (3. Dezember 1812 - 8. April 1885) und Georg (4. April 1815 - 27. März 1892). Das zwölfte und letzte Kind war Anna. Sie starb kurz vor ihrem 55. Geburtstag.[57]

Die zehnköpfige Familie samt ihren Knechten und Mägden sei „eine Hochburg wahrer Gottesfurcht und Frömmigkeit, Arbeitsamkeit und Nüchternheit"[58] gewesen, ja ein „Heiligtum echten christlichen Familienlebens"[59]. Ein Zeugnis dafür ist die Wallfahrt der Mutter 1803 nach Maria Hilf in Passau.[60] Nach zwei Fehlgeburten wandte sich die Frau um Hilfe an die Mutter Gottes, wie es ihr Pfarrer Thomas Zängl von St. Wofgang empfohlen hatte.

Wie es damals Sitte war, betete die Familie dreimal täglich den „Engel des Herrn", auch draußen auf dem Feld und abends kniend. Vom 29. September (Michaelitag) bis Ostern betete man jeden Samstagabend einen Rosenkranz;[61] an den letzten Tagen der Karwoche täglich sogar

---

[57] Alle Angaben zu den Geschwistern: Lindner, P. Edilbert, Bruder Konrad, Du hörst uns läuten. Altötting 1970, 46.

[58] Kessler, 5.

[59] Ebd.

[60] Schmidt, 8/9.

[61] Scheffczyk, L./ Bäumer R., Marienlexikon, St. Ottilien 1991. 616.

drei.[62] Sowohl gemeinsames, als auch privates Gebet gehörte ganz selbstverständlich zum Alltag.

Aber auch die tätige Nächstenliebe war der Familie ein Anliegen. An die Haustüre klopfende Notleidende und Handwerksburschen versah man mit Gaben, nicht ohne allerdings zuerst ein Vaterunser zu erbitten.[63] Eben diese Tätigkeit führte später der Birndorfer Hansl im Kloster in Altötting 41 Jahre lang mit Ausdauer und Hingabe aus.

Ein Knecht der Familie Birndorfer bestätigte, dass im ganzen Bezirk keine derartige Familie zu finden sei, „... so fromm und zurückgezogen und friedlich".[64] Diese Atmosphäre konnte nicht allein der Grund für Johanns außerordentliche Religiosität gewesen sein, denn wie Winklhofer richtig bemerkt, wuchs auch seine jüngere Schwester Anna in diesem Milieu auf, erreichte aber nicht die Heiligkeit des Bruders.[65]

2 Kindheit

Als 5jähriger besuchte Johann zum ersten Mal mit seinem Vater das Kapuzinerkloster in Altötting. Der Bauer und seine Frau hatten beschlossen, den Mönchen eine Fuhre Mehl und Fleisch zu bringen. Sogleich nutzte der kleine Junge die Gelegenheit, vor der Muttergottesstatue zu beten. Zum Andenken erhielt er vom Guardian des Klos-

---

[62] Walser, 16.

[63] Bergmann, Georg, Bruder Konrad, ein Leben im Lichte des Kreuzes. Altötting 1984, 22.

[64] Walser, 19.

[65] Winklhofer, 1984, 17.

ters einen Rosenkranz, den er Zeit seines Lebens in Ehren hielt.[66]

Sowohl von außen durch sein Elternhaus als auch von innen durch sein eigenes Bedürfnis gewöhnte er sich früh an, zu beten. Dabei kehrte er im Juni 1824 von einer Nachmittagsandacht in St. Wolfgang bis zum Abend nicht nach Hause zurück. Die anderen Kinder, mit denen er aufgebrochen war, waren längst wieder bei ihren Familien. Besorgt machten sich die Eltern auf die Suche nach ihrem Sohn. Da er manchmal nach den Gottesdiensten noch länger in der Kirche blieb, um alleine zu beten, hofften sie, ihn in der Pfarrkirche zu finden. Diese Vermutung bestätigte sich nicht. In der Holzkapelle bei Birnbach entdeckte die Mutter dann den Jungen. Er war beim Beten eingeschlafen und erzählte ihr nun von einem wundersamen Traum, in dem die Mutter Gottes ihm goldene Äpfel zu essen gegeben hätte.[67]

Eine augenfällige Parallele ergibt sich hier mit den Augenzeugenberichten späterer Jahre. Nikolaus Hartwanger besuchte als 16jähriger Student 1862 den Fünf-Uhr-Gottesdienst in der Gnadenkapelle. Wie immer ministrierte Bruder Konrad. Im Seligsprechungsprozess berichtete der spätere Redemptoristenbruder: „Auf einmal beobachtete ich, wie die Glut seiner inneren Andacht nach außen sich offenbarte, feurig glänzende Kugeln stiegen aus seinem Munde zum Gnadenbilde empor. Das sah ich mehrere Male. Einmal sah ich den Diener Gottes in einem glänzenden Nebelschleier gehüllt. Aus seinem Munde

---

[66] Schmidt, 13/14.
[67] Schmidt, 14.

flogen feurige, glänzende Funken aufwärts."[68] Diese außergewöhnliche Erscheinung bezeugten mehrere Menschen. Ein Kapuzinerpater, der Bruder Konrad nicht kannte, eine „gottesfürchtige Jungfrau"[69], die in den Jahren 1879 und 1880 ebenfalls drei bzw. fünf goldene, feurige Kugeln zum Gnadenbild emporsteigen sah.[70]

Ab 1825 musste Johann zur Schule. In Weng, zu Fuß etwa eine halbe Stunde von Parzham entfernt, unterrichtete ihn Franz Xaver Nachreiner, der Trauzeuge seiner Eltern, der ihm auch bestätigen konnte, er habe „in allen Fächern einen rühmlichen Fortgang genommen."[71] Der Unterricht fand im Mesnerhaus statt.

Auf dem Weg dorthin betete Johann den Rosenkranz. Seine Schulkameraden folgten seinem Beispiel, so dass berichtet wird, die Leute aus dem Dorf hätten öfters eine kleine Kinderprozession beobachten können.[72] Zwistigkeiten unter den Kindern konnte er nicht ertragen, so versuchte er bei solchen Gelegenheiten stets zu schlichten. Gelang ihm dies nicht, mied er die Streitenden.[73] Flüche aus dem Mund seiner Kameraden trafen seine Liebe zu Gott derartig, dass er niederkniete und Gott um

---

[68] Kessler, 113/114.

[69] Kessler, 114.

[70] Ebd.

[71] Schmidt, 15. Zwar stellte Nachreiner Konrad ein gutes Zeugnis aus, dennoch weisen Konrads Briefe viele Rechtschreibfehler und umgangssprachliche Wendungen auf, die diese Beurteilung nicht belegen.

[72] Bergmann, 1984, 27.

[73] Hoedl, P. Franz X. OFMCap.,Bruder Konrad. Ein Pilgerbüchlein. Altötting [8]1997, 11.

Vergebung für die Sünde bat.[74] Nicht oft war dies der Fall, denn in seiner Gegenwart zeigten sich die Menschen von ihrer besten Seite und wagten kaum, Gott zu lästern.[75]

Schon zu dieser Zeit erahnten die Menschen die Besonderheit des kleinen Jungen. Manche behaupteten: „Der Birndorfer Hansl ist ein Engel", während andere schon zu dieser Zeit munkelten, er werde bestimmt ein Heiliger.[76] Auffallend ist, dass er von Kindesbeinen an die Stille und Zurückgezogenheit suchte und sich eher als Einzelgänger zeigte, der keine Freunde um sich scharte.[77]

Mit sieben Jahren trat er das erste Mal an den Tisch des Herrn um die heilige Kommunion zu erhalten. Die Eucharistiefeier wurde „... die Zentralsonne seines geistlichen Lebens..., der Mittelpunkt seines ganzen religiösen Lebens, und alle sonstigen Übungen der Frömmigkeit hatten hier ihren Ziel- und Brennpunkt."[78] Später erkannten dies die Oberen im Kloster, so dass sie Konrad erlaubten, jeden Tag zu kommunizieren, wohingegen die anderen Brüder nur viermal pro Woche die Kommunion empfingen.[79]

Am Pfingstfest des Jahres 1827 wurde Johann zusammen mit 4.276 anderen Jungen und Mädchen gefirmt.[80]

---

[74] Hoedl, 9.
[75] Kessler, 9.
[76] Hoedl, 9.
[77] Kessler, 9.
[78] Kessler, 97.
[79] Walser, 110/ 111.
[80] Schmidt, 15.

Reliefbild aus Gips mit Splitter vom Sarg des Heiligen, Ende 1930er Jahre

3 Jugend

Über die Jahre zwischen 1827 und 1832 berichtet die Literatur nichts. Als man sich 1914 wegen des anstehenden Seligsprechungsprozesses für die Biographie des Bruder Konrad zu interessieren begann, lebten nur noch fünf bis sechs Zeugen, die über seine ersten 31 Lebensjahre Bescheid wussten. Auch er selbst hatte kaum über diese Zeit gesprochen, so dass man sich nicht auf seine eigenen Angaben stützen konnte.

Das Leben des Heranwachsenden verlief wohl in geordneten Bahnen des Lernens, Arbeitens und Betens bis zu dem Tag, als seine Mutter Gertraud durch einen plötzlichen Herzschlag starb. Es war der 14. April 1832 und Johann gerade 13 Jahre alt. Ihre älteste, nun fast 31jährige Tochter Maria nahm ihre Stelle ein.[81] Noch häufiger als in den Jahren zuvor suchte Johann nun Stille und Gebet. An den Sonntagen besuchte er häufig drei Gottesdienste in verschiedenen Kirchen. Die Frühmesse hörte er in Griesbach, das Hochamt feierte er in Weng mit und am Nachmittag waren Birnbach oder Karpfham seine Stationen, um eine Andacht oder Vesper mitzubeten. Wenn er gegen 16 Uhr zu Hause ankam, nahm er die erste Mahlzeit des Tages zu sich.[82]

---

[81] Ebd.
[82] Schmidt, 16.

4 Der Hof, das Erbe

Ein weiterer Schicksalsschlag ereilte den 15jährigen mit dem Tod seines Vaters. Am 4. Juli 1834 gab es für ihn nach einem Schlaganfall keine Rettung mehr.[83]

Nach bayerischem Recht erbte der jüngste Sohn den Bauernhof, also sollte Johann den Venushof übernehmen. Dieser war ein stattlicher Hof, dessen Name „Venus" von Venne, Ven oder Fenis, Fendis kommt und so viel wie „Sumpfwiese" bedeutet.[84] Diese Bezeichnung deutet jedoch nicht darauf hin, dass die Äcker etwa unfruchtbar und zu nass wären, im Gegenteil. Das Rottal, in dem sich das Venusanwesen befindet, gilt als fruchtbares Land.[85] Zu verdanken haben die Landwirte dies eben der Rott, dem Fluss, der dem Landstrich den Namen verlieh.

Zum Anwesen gehörten 125 Tagwerk (entspricht ungefähr 42 Hektar) Grund.[86] Auch heute noch zählen Bauern mit so viel Eigenanteil an Wiesen, Feldern und Wald zu den Begüterten. Im Unterschied zu damals pachten die Landwirte oftmals noch das Doppelte hinzu. Die Arbeit bewältigen sie heute mit Traktoren, Mähdreschern und modernsten High-Tech-Geräten, was zur Zeit des Johann Birndorfer noch undenkbar gewesen war. Zwischen 17 und 22 Pferde ersetzten die Traktoren. Ein derart gefüllter Pferdestall bedeutet großen Reichtum. 12 Kühe waren zu versorgen, daneben Schafe, Schweine und Kleinvieh.[87]

---

[83] Bergmann, 1984, 28.
[84] Kessler, 4.
[85] Eder, 12.
[86] Eder, 16.
[87] Ebd.

Um diesen Betrieb am Laufen zu halten, waren sechs Dienstboten, drei Knechte und drei Mägde notwendig. Ein reicher, großer und stolzer Bauer hätte der Birndorfer Hansl also werden können. Zudem hätte er damit garantiert, dass das Gut in Familienbesitz blieb und eine Jahrhunderte alte Tradition weitergeführt, denn die Besitzer des Venushofes lassen sich bis 1650 zurückverfolgen: Bartholomäus und Georg Venus verwalteten den Hof Mitte des 17. und Anfang des 18. Jahrhunderts noch als Lehen des Klosters Fürstenzell, bevor Peter Venus, Johanns Urgroßvater, 1736 das Gut erwerben konnte.[88]

Noch blieb Johann in Parzham. Er trat zunächst die Stelle als dritter Knecht an. Doch die Betpraxis kam durch die bäuerliche Arbeit nicht zu kurz. Auch den Nachbarn tat sich kund, dass sich der Birndorfer Hansl während der Woche noch vor Sonnenaufgang auf den Weg nach Weng machte. Dort lieh er sich den Schlüssel zur Pfarrkirche, um vor dem Tabernakel mit ausgebreiteten Armen zu beten, bis die Mesnerin den Tag anläutete.[89] Hansl ging nach Hause und erledigte dort seine täglichen Aufgaben. Eines hob ihn noch von den übrigen Bauern in der Umgebung heraus: er betete auch während der Arbeit ohne Unterlass. Ob auf der Wiese, im Heustadel oder bei der Ernte. Sogar beim Futterschneiden hielt er ein Gebetbuch in der Hand.[90] Dieses Verhalten beobachteten die umliegenden Bauern ungläubig. Als Johann einmal einen Heuwagen samt Ladung in den Graben setzte, sahen die

---

[88] Willwert, P. Bruno, Der Venushof in Karpfham. In: Bruder Konrad von Parzham. Ein Heiliger des Rottals. Ausstellungskatalog. Passau 1985, 39.

[89] Schmidt, 18.

[90] Winklhofer, 1979, 21.

Nachbarn darin ihre Kritik bestätigt. „Das kommt vom vielen Beten"[91], kommentierten sie. Diese Begebenheit darf jedoch nicht den falschen Eindruck erwecken, Johann wäre als Sonderling von seinen Landsleuten abgelehnt worden. Franziska Venus spricht 1914 aus, was sich damals viele Leute gedacht haben: Johann sei nicht für die bäuerliche Arbeit gemacht gewesen, denn er sei „mit lauter Beten und Büßen und Almosengeben zusammengesetzt gewesen."[92] Das Volk erkannte, was unübersehbar war. Johanns Berufung lag nicht darin, sein Leben lang Landwirt zu sein und darin unterschied er sich von ihnen. Sie achteten ihn als ein Frömmigkeitsideal, das unerreichbar blieb, aber Vorbildcharakter hatte. Joseph Bachmeier, Konrads Großneffe bestätigte: „Niemand hat ihm je etwas Schlimmes nachgesagt."[93]

Der tiefgläubige Mann ließ sich jedenfalls nicht von seinem frommen Tun abbringen. Selbst im Heustadel hängte er Heiligenbilder und Darstellungen des leidenden Christus auf, damit er sie beständig vor Augen habe.[94]

Sein Bedürfnis zu Beten ging oft soweit, dass er die ganze Nacht damit zubrachte, vor dem Hausaltar auf seinem Zimmer zu knien. Therese, seine Schwester, berichtet, das Bett ihres Bruders morgens oft unbenutzt vorgefunden zu haben.[95]

---

[91] Schmidt, 19.
[92] Winklhofer, 1979, 22.
[93] Winklhofer, 1979, 23.
[94] Kessler, 11.
[95] Schmidt, 18.

Da ein bedeckter Kopf beim Beten nicht erlaubt war, trug der junge Mann nie einen Hut, auch im Winter nicht. Eine Ausnahme machte er nur, wenn er in Ortschaften kam und nicht auffallen wollte.[96]

Aufgefallen sei er dennoch durch den Versuch, Aufnahme an einer Lateinschule zu erwirken. Zu beweisen ist es nicht, dass Johann nie eine Lateinschule besucht hat. Doch zahlreiche Gründe sprechen dagegen: Eine längere Abwesenheit vom heimatlichen Gut lässt sich nicht beweisen; sein sonst gut informierter Neffe weiß nichts von einer derartigen Schulung; in den Schulakten von Metten findet sich kein Eintrag über einen Schüler Johann Birndorfer.[97] Diese Tatsachen widerlegen jedoch nicht, dass sich folgendes ereignet haben könnte: Pfarrer Frammersberger, Königlicher Lokalschulinspektor, der etwa 1836 oder 1837 auf den Venushof kam,[98] stellte dem 19jährigen ein Empfehlungsschreiben aus, mit dem Johann und sein Bruder Josef an der Pforte des Benediktinerklosters Metten in Deggendorf anklopften.[99] Johann sollte damit die Aufnahme in die Klosterschule erwirken, um letztlich Priester werden zu können. Das Kollegium allerdings befand den fast erwachsenen Jüngling aufgrund zu geringer Lateinkenntnisse für untauglich. Zudem war der Altersunterschied von acht Jahre zwischen ihm und seinen Kameraden viel zu groß. Mit dieser Absage starb zugleich die Hoffnung, jemals Priester werden zu können. Anstöße für den Versuch mögen vielleicht der Semi-

---

[96] Schmidt, 19.

[97] Winklhofer, 1979, 27.

[98] Walser, 1984, 29. Nach anderen Angaben suchte Johann Pfarrer Frammersberger auf. Bergmann, 1974, 69.

[99] Schmidt, 19.

narist Joseph Niedermayer, ein naher Verwandten seiner Mutter, und das Vorbild des Andreas Steinhuber gegeben haben. Dieser trat 1836 in die Passauer Lateinschule ein. 1907 starb dieser angeheiratete Vetter seiner Schwester Maria als Kardinal in Rom.[100]

Anhänger mit gefasstem Bild, ca. 1940

[100] Winklhofer, 1979, 26/27.

5 Die Volksmission in Aigen und der Beichtvater Dullinger

Ein einschneidendes Ereignis trug sich mit der Volksmission in Ering zu. Vom 1. bis 8. September 1838 fand dort eine Jubiläumsmission statt. 36 Jahre lang waren Missionen und öffentlichen Wallfahrten verboten gewesen, nun hatte König Ludwig I.[101] die Erlaubnis für derartige Zeichen der Frömmigkeit gegeben.[102] Das 300jährige Bestehen der dortigen St. Anna Kirche nahm Papst Gregor XVI. zum Anlass, „mit Bewilligung Sr. Königlichen Majestät von Bayern"[103] einen Generalablass zu verleihen. Sieben Priester, darunter zwei Wallfahrtspriester aus Altötting, bereiteten die herbeigeeilten Christen acht Tage lang mit ihren Predigten vor. Während dieser Zeit wurden etwa 35.000 hl. Kommunionen ausgeteilt! Johann Birndorfer marschierte die sechs Stunden nach Ering und legte dort die Generalbeichte ab.[104] Daraufhin zog er sich noch mehr in sich selbst und die Einsamkeit zurück, wurde schweigsamer und fastete beständig.[105] Katharina Stockinger aus Weng berichtete, Johann wäre auf dieses Ereignis hin „doppelt eifrig im Gebet" geworden.[106] Er führte nun das Leben eines Büßers. Mit diesem Erlebnis hatte ein neuer Lebensabschnitt begon-

---

[101] Ludwig I (1825-1848). Ihm galt die Religion als oberstes Staats- und Bildungsprinzip. Die Grundsteine für diese Auffassung legte u.a. die Bildung und Erziehung durch J.M. Sailer. Hausberger/Hubensteiner 303-309.

[102] Schmidt, 21.

[103] Kessler, 16.

[104] Hoedl, 15.

[105] Kessler, 17.

[106] Winklhofer, 24.

nen. Winklhofer konstatiert ein „Sich-nicht-mehr-genug-tun-können, ja sogar eine Unrast, eine religiöse Hektik."[107]

Die Frage nach dem Erbe aber wurde immer drängender, denn Johann war bereits zum ersten Knecht aufgestiegen.

Wie jedes Jahr pilgerte Johann nach Aigen am Inn zum Leonhardiritt. Dort segnete der Pfarrer nach einem Votivamt und einem Pferderitt um die Kirche die Rösser.[108] An diesem 6. November 1839[109] lernte Johann den Benefiziaten von Aigen, Franz Dullinger, kennen. Junge Männer in Johanns Alter waren gerade dabei, eine zwei Zentner schwere Erzfigur vom Boden zu heben. Als Konrad zufällig vorbeikam, forderten die jungen Leute ihn auf, seine Kraft unter Beweis zu stellen. Seine übergroße Frömmigkeit müsste ihm doch die Kraft geben, das Abbild des Ritters zu stemmen, meinten sie. In einem Augenblick der Unentschlossenheit kam der Benefiziat hinzu, sprach ermunternde Worte und Johann stemmte die Statue.[110]

Dieser Priester war es auch, der nach langjähriger seelsorgerlicher Betreuung den Bauerssohn ermutigte, seinen vorgezeichneten Weg einzuschlagen. Doch bis dahin sollten noch neun Jahre vergehen, in denen Dullinger der Beichtvater, Freund, Berater und Seelenführer des jungen Mannes war.[111] Noch heute bekundet die Pfarrgemeinde

---

107 Ebd.
108 Albrechtskirchinger, Georg, Unser Bruder Konrad von Parzham. München-Pasing 1940, 29.
109 Schmidt, 21.
110 Schmidt, 22
111 Bergmann, 1984, 36.

in Aigen ihre Verbundenheit mit Bruder Konrad. Bei dem alljährlich immer noch stattfindenden Leonhardiritt zieht ein Wagen voran, in dem ein junger Mann als Kapuzinerbruder ausstaffiert, schüchtern herab winkt.[112]

Das Bedürfnis, seine Schuld zu bekennen und Abbitte zu leisten war bei Johann so groß, dass er mindestens alle 14 Tage nüchtern von Parzham nach Aigen pilgerte, um bei Dullinger zu beichten. Um 1 Uhr nachts stand er auf, damit er nach einem Marsch von einfach vier bis fünf Stunden um 6 Uhr an der Frühmesse teilnehmen konnte.[113] Maria Obermayer bezeugte: „Bei jeglichem Wetter, bei strömendem Regen, bei Schnee und Sturm zog er betend seines Weges und war um sechs Uhr zu Beginn der Frühmesse da."[114] Nach dem Empfang der Kommunion kehrte er - ohne eine Stärkung zu sich zu nehmen - nach Hause zurück, wo er oft den Rest des Tages betend und schweigend verbrachte.[115] Neun Jahre hielt diese Praxis an. Erst dann fasste er den Entschluss, in einen Orden einzutreten. Warum diese lange Zwischenzeit? Bergmann erklärt dies mit den erzieherischen Absichten Dullingers: die Flucht vor der Verantwortung aus Geringschätzung von Arbeit und Beruf wolle er damit verhindert haben.[116] Ein schwaches Argument, denn Johann kannte Arbeit und Verantwortung seit er auf dem Hof mitarbeitete. Er hatte sich schon bewährt und seine Gewissenhaftigkeit bewiesen. Zudem führte er in diesen

---

[112] Videofilm: Bruder Konrad von Parzham. Stationen eines Heiligenlebens. Passau 1994.

[113] Walser, 29.

[114] Bergmann, 1974, 87.

[115] Eder, 7.

[116] Bergmann, 1984, 36.

zehn Jahren in Parzham schon ein wahrhaft monastisches Leben.

6 Wallfahrten

Beichte und fast ununterbrochenes Gebet ergänzte Johann durch ausgedehnte Wallfahrten. P. Herman Josef Stärk weiß zu berichten, dass Johann schon die Vorbereitung auf die Wallfahrt sehr ernst nahm: „Am Vortage betete er schon mehr als sonst, er übte mehr die Abtötung, war gesammelter noch als sonst, noch mehr als sonst mit Gott beschäftigt. Seine Vorbereitung war eine ernste, nur auf Gott und das Heil seiner Seele gerichtete Übung."[117]

Die umliegenden Wallfahrtsorte, die er liebgewonnen hatte, waren neben St. Wolfgang auch der Kronberg in Griesbach, die Kapelle in der Lugenz bei Birnbach, Langwinkl bei Bayerbach und natürlich St. Anna in Ering.

Den weitesten Pilgerweg hatte er nach Passau Maria Hilf zurückzulegen. Zwölf Stunden durfte er für den Hin- und Rückweg veranschlagen. Dort angekommen stand der Wallfahrer vor 360 Stufen, auf denen jeweils ein Ave Maria zu beten war, bevor er das Gnadenbild erblicken konnte.[118] Elisabeth Steinhuber gab als Zeugin wider, was Bruder Konrad ihr von den Wallfahrtsgängen mit ihrer Mutter berichtet hatte: *"Es wollte sich dem Gang oft niemand anschließen als seine Mutter, die vorbetete. Wenn nicht gebetet wurde, sprach man von Gott und himmlischen Dingen.*

---

[117] Stärk. P, Herman Josef, Wie Bruder Konrad in den Himmel kam. Das Tugendleben des seligen Bruders Konrad. München 1934, 100.

[118] Hoedl, 13.

Um ein oder zwei Uhr morgens machten wir uns auf den Weg und nahmen uns ein wenig Proviant mit. Den Hinweg von sechs Stunden legten wir nüchtern und betend zurück. Auf Mariahilf angekommen, empfingen wir die heiligen Sakramente. Nach der Danksagung stärkten wir uns, kehrten wieder in die Kirche zurück und beteten dort bis zum Abmarsch am Nachmittag."[119]

Maria Pfief berichtete von einer Unterredung mit Johann auf einer Wallfahrt, bei der er ihr darlegte, wie sie das Leiden Christi beim heiligen Messopfer richtig betrachten könnte. Allein auf diese Darstellung hin wurde für die Frau das Gotteslob mit seinen vorgefertigten Gebeten als Hilfe zur Andacht überflüssig.[120]

Immer am Fest Mariä Heimsuchung (2. Juli) oder im August zum Portiunkulafest[121] machte sich Johann auf den Weg nach Passau, alleine oder mit einer kleinen Pilgergruppe.[122] Mit einem besonderen Anliegen trat er im Winter 1846 vor das Bildnis „Maria Hilf". Seine Schwester Gertraud erwartete ein uneheliches Kind. Auch die älteste Tochter des Venusbauern, Maria, hatte 1824 ein uneheliches Kind geboren. Dies war nun der dritte Fall in der Familie Birndorfer. Eine Seltenheit waren uneheliche Kinder damals nicht, denn man wollte Gewissheit haben,

---

[119] Bergmann, 1974, 83.

[120] Bergmann, 1974, 83.

[121] Das Portiunkulafest (2.8.) geht auf den Weihetag der Portiunkulakirche in Assisi zurück, die auf Veranlassung des Hl. Franz von Assisi 1216 zu Ehren Unserer Lieben Frau geweiht wurde. Mit der Kirche ist die Entstehung des sogenannten Toties-Quoties-Ablasses verbunden. Schauber/Schindler XXIV.

[122] Schmidt, 22.

dass die Nachkommenschaft (die ja auch den Hof wieterführen sollte) gesichert ist.[123]

Diesmal sollte es eine ereignisreiche Wallfahrt werden, bei der ein Schneesturm Johann die Kräfte raubte. Beim Beten schlief er übermüdet ein und wurde erst vom Mesner entdeckt als der abends die Kirchentüre zusperren wollte. Da es für den Heimweg zu spät war, übernachtete Johann bei dem Mann. Am nächsten Tag zu Hause angekommen verkündete ihm seine Schwester Gertraud, sie werde den Vater ihres Kindes heiraten.[124] Die Strapazen der Wallfahrt waren also nicht umsonst geschehen.

7 Bruderschaften

Doch mit Wallfahrten und Gottesdienste besuchen allein war Johann spirituell zu wenig ausgelastet. In zahlreichen Bruderschaften fand er Gleichgesinnte, die sich in Gebetsverpflichtung einander verbunden wissen wollten und daher geistliche Verantwortung füreinander übernahmen.[125] Diese Gebetsgemeinschaften sahen den wechselseitigen Gebetsbeistand und das gemeinschaftliche Gebetsgedächtnis als ihre vornehmliche Aufgabe an,[126] wobei auch freiwillige Werke der Frömmigkeit und sozial-caritative Dienste erwünscht waren.

Johann war Mitglied von neun Bruderschaften. Die Bruderschaft zur Ewigen Anbetung war die erste, der er mit

---

[123] Schmidt, 23.
[124] Ebd.
[125] Frank, Karl Suso, Bruderschaft (Kirchengeschichtlich). LThK, Bd. 2, 718.
[126] Schneider, Bernhard, Bruderschaft (Liturgisch). LThK, Bd. 2, 720.

22 Jahren beitrat. Schon richtungsweisend empfahl er sich dem dritten Orden des hl. Franziskus, sowie dem Frühmessbund zu Birnbach. Die Skapulierbruderschaft zu Kößlarn und die Marianische Männer- und Jünglingskongregation zu Altötting hatten in ihm einen treuen Beter gefunden. Den weiten Weg nach Oberschneiding bei Dingolfing nahm er zum Beitritt zur Bruderschaft zur Bekehrung der Sünder in Kauf. Die Dreifaltigkeitsbruderschaft in St. Salvator, die Bruderschaft zu Hilf und Trost der Sterbenden in Obermünster bei Regensburg und der christliche Jugendbund zu Karpfham konnten ihn als Mitglied begrüßen.[127] Die Bruderschaft von Obermünster gab ihm den heiligen Aloisius als Patron. Damit verbunden war die Aufgabe, an einem bestimmten Tag zwischen 19 und 20 Uhr das Allerheiligste anzubeten.[128] Genau in dieser Stunde wird Johann als Bruder Konrad am 21. April 1894 im Kloster St. Anna in Altötting sterben.

Noch immer stand die Antwort auf die Frage nach dem weiteren Lebensweg aus. In den Jahren zwischen 1840 und 1849, die von der Begleitung durch den Benefiziaten Dullinger geprägt waren, reifte in Johann der endgültige Entschluss heran. Im Jahre 1849 verkündete er seinen Geschwistern, er werde in das Kapuzinerkloster in Altötting eintreten. Sein Beichtvater Dullinger hatte ihm dies ermöglicht. Dem Rat Joseph Vogelsamers, des Beichtvaters aus Birnbach, hatte er nicht Folge leisten können. Dieser

---

[127] Bergmann,1974, 74/75.
[128] Kessler, 14.

hatte in der Hofübernahme auch einen sicheren Weg zum Himmel gesehen.[129]

Johanns „Weg nach oben" schloss jedoch die bäuerliche Karriere aus; er würde auf sein Erbe verzichten. Die Geschwister sahen sich in ihrem Stolz verletzt: der Erbe eines prächtigen Hofes zog es vor, mittellos in einem Bettelorden zu leben![130] Ihr Unverständnis muss groß gewesen sein, denn in einem Brief rechtfertigte er sich noch 20 Jahre später: „Doch es war Gottes Wille, ich musste alles verlassen, was mir lieb und teuer war, ich musste meinem Berufe nachkommen, ich konnte nicht anders."[131]

Die Einwohner von Parzham nahmen die Nachricht gelassen auf. Konrads Lebenswandel und sein Wesen hatten schon darauf schließen lassen, dass hier kein gewöhnlicher Bauer hinter dem Pflug gestanden hatte.[132] Vielleicht steckte auch Dullingers Absicht dahinter, Johann nicht zu einer „ländlichen Groteske" und zu einem „komischen Heiligen"[133] werden zu lassen, sondern seine Frömmigkeit in geordnete Bahnen zu lenken, „denn je länger, desto weniger passte er in den dörflich-bäuerlichen Rahmen, so sehr ihn seine Landsleute auch ernst nahmen und mit Respekt umgaben."[134]

Tag, Stunde und Ort, an denen Johann die Entscheidung fällte, sind nicht bekannt. Bergmann vermutet, es müsse

---

[129] Bergmann, 1974, 80.
[130] Eder, 19/20.
[131] Eder, 20.
[132] Schmidt, 24.
[133] Winklhofer, 1979, 28.
[134] Ebd.

auf Mariahilf gewesen sein, hinreichende Gründe führt er allerdings nicht an.[135]

Vor dem Notar Andreas Loichinger in Griesbach bezeugte Johann am 7. Dezember 1849 seinen Verzicht auf den elterlichen Hof.[136] Er wusste, dass damit die Familiennachfolge auf dem Hof nicht mehr unbedingt gewährleistet war. Fast alle späteren Erben blieben auch tatsächlich kinderlos, und so kam der Besitz schließlich in fremde Hände. Seine Geschwister Therese und Georg übergaben den Hof 1892 Josef Bachmeier, dem ältesten Enkel der Schwester Maria. Dessen Enkelin Olga Richter, die heute noch in Bad Griesbach lebt, führte die landwirtschaftliche Tätigkeit weiter bis 1957. Ein Jahr später erwarb die Aussiedlerfamilie Proske aus Schlesien fast die Hälfte des Besitzes.[137] 1970 kaufte der Bruder-Konrad-Verein durch Anteilscheine die Gebäude und erhält sie heute durch Spenden und Mitgliedsbeiträge.

Weil Konrad auf den Besitz verzichtete, wurde ihm sein Erbe ausbezahlt. Einen Teil dieses Geldes schenkte er den Armen, mit dem anderen Teil sollte die Pfarrei Weng den Friedhof erweitern, auf dem das Ehepaar Birndorfer ruht.[138] Weiterhin bedachte er den Bonifaziusverein in Deutschland mit einer Spende zur Betreuung der Katholiken in andersgläubigen Gemeinden, den Rest übergab er dem Pfarrer von Laufen, der es für den neu gegrün-

135 Bergmann, 1974, 93.
136 Schmidt, 24.
137 Willwert, 40.
138 Schmidt, 24.

deten Ludwigs-Missionsverein[139] in München verwenden soll.[140] Johann spendete sein Geld also für die Ortskirche, die Diaspora und die Weltkirche, um somit am Aufbau der Kirche mitzuwirken.[141]

Eine andere Quelle führt den Text einer beglaubigten Schenkungsurkunde wie folgt auf:

Da ich gesonnen bin, am 4. Oktober d.J. die Professe abzulegen, und zuvor über mein Vermögen disponieren will, bitte ich ein k. Landgericht folgende Schenkung zu Protokoll zu nehmen: Ich bestimme von meinem bis jetzt noch nicht genau festgesetzten Vermögen die Summe von 400 Gulden zu frommen Zwecken in nachstehender Weise:

1. *Zum Ludwigs-Missionsverein in München 100 Gulden.*
2. *Dem Kapuzinerkloster zu Laufen, Grts. zur Krankenkapelle und Reparatur mehrerer Bilder 200 Gulden - mit der Bedingung, daß hievon fünfzig Gulden nach meiner Meinung für heilige Messen verwandt werden.*
3. *Der Pfarrkirche zu Weng, k. Landgerichts Griesbach zur beliebigen Verwendung 40 Gulden.*

---

[139] Der Ludwigs-Missionsverein war 1836 von König Ludwig I. (1825-1848) als gemeinsames „Missionswerk der bayerischen Bistümer" gegründet worden. Hochholzer, 99.

[140] Bergmann, 1974, 109. Bergmann geht von einem Erbe in Höhe von 10.000 Gulden aus. Anders als in der nachfolgend aufgeführten Schenkungsurkunde, in der von 50 Gulden die Rede ist, gibt er an, der Bonifaziusverein hätte davon ein Viertel erhalten. Wenngleich die Familie Birndorfer auch relativ wohlhabend war, reich war sie nicht. Die Zahlen der Schenkungsurkunde erscheinen daher glaubwürdiger.

[141] Hinweis von Herrn Pfarrer Alois Anetseder, ehemaliger Vorsitzender des Bruder-Konrad-Vereins, bei einem Gespräch am 11.08.2000.

4. *Dem Bonifaziusverein zu München 50 Gulden.*
5. *Endlich dem derzeit im Kloster verwendeten Taglöhner Rupert Waginger 10 Gulden.*

   Was außer diesen 400 Gulden von dem mich treffenden Vermögensantheile übrig bleibt, schenke ich allen meinen Geschwistern zu gleichen Teilen.[142]

8 Im St. Anna Kloster in Altötting

Zu Fuß verließ Johann im September 1849 seine Heimat Richtung Altötting. In sein Buch der Nachfolge Christi hat der nun bereits 31jährige zuvor noch Folgendes geschrieben: „Es lebe Jesus und Maria, die einzige Freude einer gottliebenden Seele, die nichts verlangt als Jesus den Gekreuzigten. 1849."[143] Konrad hoffte wohl, im Kloster dem Gekreuzigten, Maria und Gott ganz nahe sein zu können. Von seiner zeit- und kräfteraubenden Pfortentätigkeit ahnte er zu diesem Zeitpunkt noch nichts.

Das genaue Aufnahmedatum im St. Anna Kloster zu Altötting ist nicht bekannt.[144] Ab jetzt erfolgte erst einmal eine zweifache Probezeit. Zunächst durchlief er das sogenannte Postulat (damals Kandidatur) und anschließend das Noviziat.

Deshalb trug er zunächst als „frater minor" noch etwa sechs Monate lang seine gewöhnlichen Kleider. Sodann

---

[142] Amann, Konrad J., Heilige als Patrone (Bruder Konrad). Ein Materialangebot. In: Sammelordner Bruder Konrad Jahr 1994. Abschnitt I. Hrsg. vom Bischöflichen Seelsorgeamt Passau 1994, 6.

[143] Bergmann, 1974, 95.

[144] Kessler, 25.

war es ihm erlaubt, den Habit des Dritten Ordens (ohne Kapuze) anzulegen, dem er schon acht Jahre lang in der Bruderschaft angehört hatte. Den Namen Franz von Assisi, den er dort getragen hatte, tauschte er gegen den von den Oberen vorgeschlagenen „Konrad" - nach dem heiligen Konrad von Piacenza[145] - ein. Johann wählte sich seinen Ordensnamen also nicht selbst.[146]

Der Guardian P. Thomas Hacker wies ihn an, als Gehilfe dem Pförtner zur Hand zu gehen. Aber Bruder Crispin misstraute seinem Untergebenen, weil er um seinen Posten fürchtete.[147]

---

[145] Der Heilige Konrad von Piacenza lebte von (1290-1351). Er war zunächst verheiratet und sehr vermögend. Auf der Jagd verursachte er einen Waldbrand. Den Schaden wiedergut zu machen, kostete ihn sein ganzes Vermögen. Auf diese Weise frei geworden von der Welt trat er in den Dritten Orden des Hl. Franziskus ein, während seine Frau Klarissin wurde. Seine Aufgabe sah er fortan im Krankendienst. Später lebte er bis zu seinem Tod als Einsiedler auf Sizilien. Krug, P. Viktor, Unsere Namenspatrone, Bamberg 1929. 257.
[146] Bergmann, 1974, 106.
[147] Ebd.

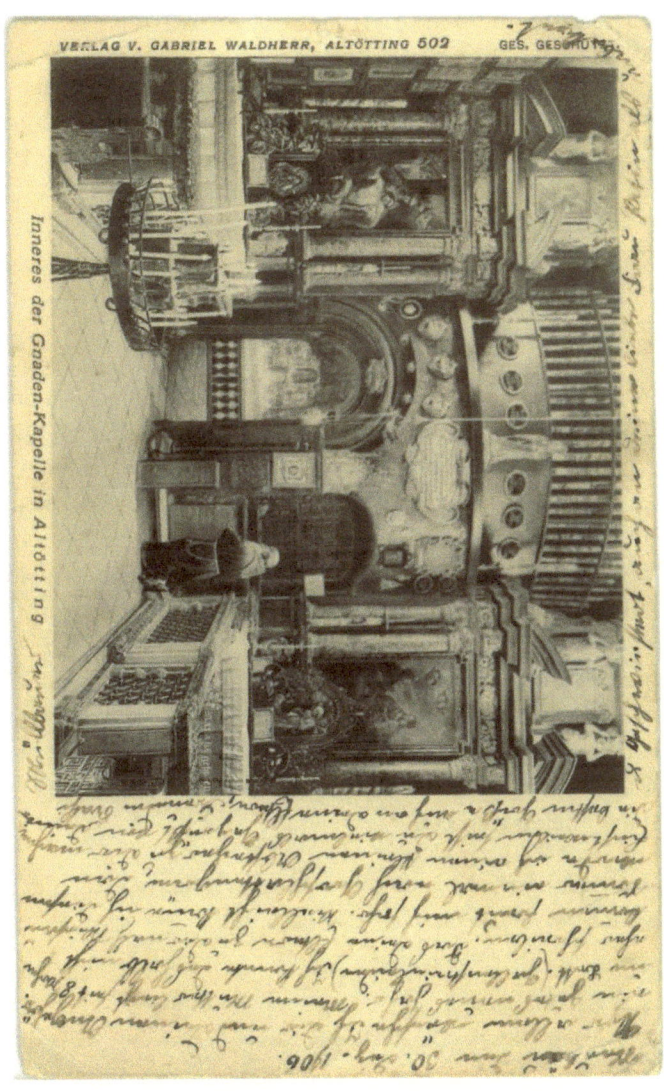

Postkarte (Innenansicht Gnadenkapelle Altötting), 1905

9 Die ersten beiden Briefe an die Geschwister

„Konrad war kein schreibender Heiliger"[148] und dementsprechend stockend und wenig wortgewandt fallen seine Briefe aus. Es stand ihm nie der Sinn danach, viele Worte zu machen. Seine Grundsätze erfüllten sich in Taten und im ganzen Leben. „Mit seinem Leben drückte Bruder Konrad ohne Worte aus, wovon seine Seele erfüllt war und wonach sein Herz verlangte: Jesus Christus gleichförmig werden."[149]

Noch hier in der Reinschrift erkennt man seinen ungelenken Stil. In den Originalen findet sich zudem eine schlechte Orthographie, keinerlei Interpunktion und willkürliche Groß- und Kleinschreibung.[150] Konrad war kein hochgebildeter Mann. In den sechs Schuljahren hatte er das Notwendigste gelernt und hatte noch die Fähigkeiten zur Weiterbildung besessen, aber wie weiter oben dargestellt, kamen jegliche Bemühungen dazu zu spät. Umso interessanter ist es, dass Konrad kein scharfsinniger Theologe war, der um die Deutung der Bibelworte gerungen hat. In seiner einfachen und kargen Sprache bezeugte er mit den Worten „Das Kreuz ist mein Buch."[151] seinen tiefen Glauben.

Der Anfang im Kloster war also schwierig, wie auch der erste Brief an die Geschwister bestätigt:

---

[148] Wührer, P. Kosmas, Bruder Konrad, der heilige Pförtner. Alöttting 1980, 12.
[149] Walser, 40.
[150] Winklhofer, 1979, 36.
[151] Schmidt, 57.

Schon lange hätte ich Euch gerne geschrieben, allein ich habe zu wenig Zeit; denn es ist die Zeit zum Beten und Arbeiten eingeteilt, und da habe ich zu was anderem wenig Zeit. An Feiertagen gibt es an der Pforte am meisten zu tun. Doch ich lebe recht zufrieden. Ich bin auch gesund und habe keine Not. Die Brüder sind alle recht brav. Wir sind nicht traurig, sondern wir freuen uns im Herrn. Es sind unser elf Brüder und zehn Pater.

Liebe Geschwister! Anfangs kam es mir schon hart an, unter so vielen Brüdern zu sein; denn ich war zu furchtsam. Ich wurde doch bald bekannter, und es wurde bald besser. Es ging lange her, bis ich sie alle beim Namen nennen konnte; denn wenn sie mir den einen sagten, vergaß ich den anderen wieder, und bei der Pforte soll man sie alle wissen; denn die Leute fragen oft nach diesem, bald nach jenem. Nun Gott sei Dank, jetzt kann ich sie alle nennen und weiß auch ihre Zellen, wo sie sind, wenn ich sie holen muß.

Um was ich auch noch bitte, dass Ihr mir doch ein wenig Geld schicken möchtet; denn ich brauch hie und da ein wenig. Und zum Schlusse wünsche ich Euch allen ein glückseliges Neues Jahr. Ich wünsche Euch alles Gute für Seele und Leib, was ich Euch wünschen kann und daß Ihr es ja zum Euren Seelenheil recht benützen möget.

Frater Konrad, Terziar im Kapuzinerkloster in Altötting.

Gelobt sei Jesus und Maria.[152]

---

[152] Bergmann, 1974, 107/108.

Der Brief trägt kein Datum. Bergmann vermutet aber, dass Konrad ihn kurz vor Neujahr 1850 verfasst hat.[153] Seine Zeit war mit Beten und Arbeiten ausgefüllt, was keinen Unterschied zum Leben in Parzham darstellte. Neu und ungewohnt war die Tätigkeit. Mit Dutzenden Menschen musste er täglich verkehren: Wallfahrern, Bettlern, Gönnern. Wegen seiner Schüchternheit fand er zunächst nur langsam einen Weg zu den Anklopfenden. Für den stillen und in sich gekehrten Mann musste es eine große Überwindung darstellen, auf die Menschen zuzugehen. Vielleicht hatte Konrad sich vom Kloster mehr Zeit zum Beten erwartet. Aber er jammerte nicht und stellte seine eigenen Wünsche hintan.

Der Brief zeugt von keinerlei Gefühlsüberschwang oder übersteigerter Euphorie. Bruder Konrad war kein religiöser Schwärmer, davon zeugt auch die Zurechtweisung des Bruders Anian Butz, der, das flammende Herz auf einem Heiligengemälde betrachtend, ausrief: „O möge auch unser Herz einmal so brennen vor Liebe!" Daraufhin meinte Bruder Konrad nur nüchtern: „In Gottes Namen, was red'st denn da daher!"[154]

Zurückhaltend und bescheiden tut er seinen Geschwistern nur kund, dass er *recht zufrieden* und *gesund* sei und keinerlei *Not* leide. Die Anfangsschwierigkeiten bei seiner Tätigkeit schildert er ganz genau: er ist zu langsam, ungeschickt und fast unbeholfen[155]; wie ein Seufzer steht da das *Gott sei Dank* dafür, dass er nun den Alltag

---

[153] Bergmann, 1974, 107.
[154] Walser, 51.
[155] Schmidt, 33.

an der Pforte besser bewältigt. Die Klostergemeinschaft beschreibt er als *brav, friedlich* und *freudig*.

Auch der Pater Guardian hatte schon seine Beobachtungen gemacht. Er vermerkte:

„Johannes Birndorfer tut ohne leisesten Widerspruch, was man ihm anschafft. Gestern ließ ihn der Bruder Crispin den Zellengang im ersten Gang auf den Knien bürsten. Der frühere Bauer vom Venushof verrichtete diese Arbeit, bei der sonst drei Brüder zusammenhelfen, allein. Er hat sich die Haut an den Händen blutig gerieben. Als ich an ihm vorbeikam. wollte er dies vor mir verbergen. Ich stellte ihn deswegen zur Rede, doch meinte er: 'Man soll net so wehleidig tun, an der Arbeit ist noch keiner gestorben...'.“[156]

Gleich zu Beginn seines Klosteraufenthaltes tritt Konrads Demut, seine Haupttugend in Erscheinung. Zwar fällt dem Guardian auf, dass der Anwärter sich noch nicht vollkommen in das Klosterleben hineingefunden hat, doch erkennt er sofort die große Begabung zum Beten. Die Trennung vom Gnadenbild der Mutter Gottes in Altötting fällt Bruder Konrad besonders schwer, als er 1851 nach Burghausen versetzt wird. Seinen Geschwistern schreibt er darüber am 25. Mai 1851:

Liebe Geschwisterte, ich kann es nicht unterlassen, Euch zu schreiben, weil ich noch soviel Zeit habe; denn ich weiß, Ihr wartet mit Sehnsucht darauf.

Ich muß jetzt den Gnadenort Altötting verlassen, ich kann es Euch nicht verhehlen, daß es mich hart ankommt, diesen Gnadenort zu verlassen, wo soviel Tausende herzukommen, die Gnadenmutter zu besuchen. Ich gestehe es aufrichtig, daß mir

---

[156] Schmidt, 31/32.

die Zeit so kurz vorkam, daß ich es kaum glauben kann, daß es schon so lange ist - jetzt ein Jahr und neun Monate - daß ich an diesem Gnadenort weilte.

Es ist wahr, daß ich vieles zu laufen habe; denn jetzt gibt es schon Leute genug, daß wir wenige ruhige Zeit haben. Und nun, meine Lieben, ruft mich der Gehorsam anderswohin, und zwar, wo es mir auch am liebsten ist, nach Burghausen, ich und noch ein Mitbruder, den ich recht herzlich liebe.

Den Tag weiß ich noch nicht so genau, wann ich fortkomme. Ich glaube, es wird nicht mehr so lange dauern. Darum bitte ich Euch, daß Ihr das verrichtet, um was ich Schwester Theresia gebeten habe und betet auch fleißig für mich, daß ich mein Ziel glücklich erreiche und ein wahrer Sohn des Franziskus werde und als solcher lebe und sterbe.

Fr. Konrad, Euer unvergeßlicher Bruder
recht viele Grüße an Euch und alle jene, mit denen ich gern umging.[157]

Die Versetzung musste für Konrad ein großer Einschnitt gewesen sein, denn sonst hätte er, der nur spärlich Briefe schrieb, nicht derart viele Worte darüber verloren.

Aus dem Text ist ersichtlich, dass sein Verhältnis zu den Geschwistern ungetrübt war, denn er ist sich sicher, dass sie *mit Sehnsucht* auf Nachricht von ihrem Bruder warten. Obwohl er zugibt, dass es ihm schwerfällt, Altötting zu verlassen, jammert er nicht über die Entscheidung des Vorgesetzten, sondern fügt sich. Für ihn ist es der *Gehorsam*, der ihm einen neuen Platz beschieden hat. Er versichert, auch in Burghausen zufrieden zu sein (*wo es mir auch am liebsten ist*). Im dortigen Kapuzinerkloster soll

---

[157] Bergmann, 1974, 112. Kessler, 26.

er den sterbenskranken Pater Sylvester pflegen und sich auf das Noviziat vorbereiten.

10 Der dritte Brief

Konrad bewohnte in Burghausen mit dem kranken Pater die gleiche Zelle, die er nur zum Gottesdienst und zum gemeinsamen Chorgebet verlassen durfte. Er war der dritte Pfleger des Schwerkranken[158] und die Aufgabe erwies sich als alles andere als leicht. Wieder klagte er nicht über sein Schicksal, sondern empfand es als *Gnade*, dem kranken Pater beistehen zu dürfen. In seinem dritten Brief[159] schildert er die Situation:

Gelobt sei Jesus und Maria!

Schon lange hätte ich Euch geschrieben, allein die Zeit wurde mir immer zu kurz. Denn es wurde mir die Gnade zu teil, den kranken Pater zu warten. Ich mußte beim ihm in der Zelle liegen. Ich tat ihm alles recht gerne. Er sagte mir alles, um was ich ihn fragte, und es ist mir leid, daß ich jetzt diese Gnade entbehren muß; denn am verflossenen Freitag haben sie ihn nach Altötting gefahren; denn er hat sich immer dahin gesehnt. Es wäre ihm lieber, wenn er dort sterben würde. Man weiß noch immer nicht, ob er doch noch aufkommt. Es sind jetzt bereits vier Wochen, daß er keine hl. Messe mehr gelesen. Ehe er fort ist, hat er mir noch für alles gedankt, was ich ihm durch Gottes Gnade Gutes getan hatte und (versprochen) daß er für mich bete, und ich soll auch für ihn beten.[160]

---

[158] Schmidt, 35.
[159] Der Brief ist undatiert. Kessler, 26.
[160] Kessler, 26/27.

Worüber die beiden gesprochen haben, liegt im Dunkeln. Vermutlich ging es, wie schon auf den Wallfahrten, um „himmlische Dinge". Wieder ist ihm die Gebetsverbrüderung wichtig. Konrad ist der Ansicht, dass das Gebet wahrhaft wirksame Kraft besitzt. Deshalb schreibt er weiter:

Übrigens meine lieben Geschwister, geht es mir recht wohl. Ich bin recht zufrieden. Ich kann auch da meiner Andacht abwarten, und die Arbeit, die ich da habe, die kommt mir gar nicht so hart vor geg'n zu Haus. Übrigens leben wir recht brüderlich untereinander, wir sind auch fröhlich untereinander, wir freuen uns aber auch im Herrn.

Und um was ich Euch bitte: betet für mich, ich bitte auch täglich für Euch. Denn, meine Lieben, wir stehen jetzt in einer Zeit, wo es jedes fromme Herz erschaudern möchte, wo es scheint, als wenn die ganze Hölle los wäre, und alles Gute, was auf die Religion Bezug hat, zugrunde richten möchte. (Es kann sein), ob nicht alles durch Krieg und andere Übel zugrunde geht.

Darum, meine Lieben, seid auf Eurer Hut und schaut auf Eure unsterbliche Seele, damit Ihr sie rettet, wenn auch alles andere verloren geht. Verzagen dürft Ihr deswegen nicht, sondern recht auf Gott vertrauen! Denn der Herr ist gnädig und barmherzig. Vielleicht läßt es sich noch erbitten, daß der Herr die Zuchtrute wieder von uns wegnimmt, wenn wir uns zu ihm bekehren. In unserer Klosterkirche werden täglich nach der hl. Messe bei Aussetzung des Allerheiligsten 3 Vaterunser gebetet.

Johann Birndorfer gutmeinender Bruder[161]

---

[161] Bergmann, 1974, 114.

Worauf Konrad anspielt, wenn er von der Zeit spricht, *„wo es jedes fromme Herz schaudern möchte"* lässt sich nicht mit Sicherheit sagen. Eventuell beunruhigten ihn noch die Ereignisse in Italien. Der vom Papst ernannte Ministerpräsident wurde 1848 in Rom ermordet. Papst Pius IX. musste verkleidet vor dem Pöbel fliehen. Indessen wurde in Rom die Republik ausgerufen und Kirchen und Klöster geplündert. In den 62 Tagen während Aufständische Rom beherrschten, fanden viele Priester einen gewaltsamen Tod. 1850 konnte Papst Pius durch die Hilfe von Österreichern und Franzosen aus Gaeta zurückkehren.[162] Auch in Deutschland tobte 1848 die Revolution. Gegen diese These wäre einzuwenden, dass seit diesen Ereignissen schon etwa zwei oder drei Jahre vergangen waren. Allerdings bemerkt Kessler, dass Konrad sich für die großen Ereignisse in Staat und Kirche interessiert hatte.[163]

Bergmann vermutet, Konrad habe bereits die marxistische und atheistische Bewegung erahnt.[164] Für Pater Edilbert Lindner verbirgt sich hinter dieser kryptischen Formulierung die Erinnerung an die Schrecken des Krieges von 1866 gegen Preußen, den Krieg von 1870/71 gegen Frankreich und den Kulturkampf.[165] Diese Theorie erscheint jedoch völlig fragwürdig, wenn man rechnet, dass Konrad Anfang September 1852 in Laufen sein Noviziat antrat, der Brief aber vor diesem Datum abgefasst sein muss, die Kriegswirren jedoch erst fast 20 Jahre später stattfinden.

---

[162] Schuchert, August/ Schütte, Heinz, Die Kirche in Geschichte und Gegenwart. Kempen 1970. 473.
[163] Kessler, 81.
[164] Bergmann, 1974, 115.
[165] Lindner, 33.

Weiterhin spricht Konrad, der sich nichts zu Schulden kommen lässt, der dauernd in der Liebe Gottes weilt, davon, sich zu bekehren. Trotz seiner asketischen Lebensweise suchte er die Strenge Gottes nicht bewusst. Er erbittet keine Strafe, hat also keine krankhafte asketische Veranlagung, sondern hofft, der Herr möge *die Zuchtrute* wegnehmen.

Es fällt auf, dass er mit seinem Geburtsnamen unterschreibt. Für seine Geschwister wird er wohl immer Johann bleiben. Die Mahnung zum ständigen Gebet erweitert er noch im Postscriptum:

(...). Liebe Geschwisterte, ich kann es nicht unterlassen euch zu sagen, daß Ihr besonders im Monat Mai die seligste Jungfrau Maria recht verehret; denn dieser Monat ist ganz besonders der seligsten Jungfrau Maria geweiht. Wer in diesem eine Andacht zur seligsten Frau verrichtet, erhält alle Tage 3 Hundert Tage Ablaß, und wer es einen ganzen Monat tut, einen vollkommenen Ablaß nach reumütiger Beichte und Kommunion. ...

Und um was ich Euch bitte, ist, Ihr möchtet die Heiligenlegende von Schuhmann Johann in meinem Namen begehren. Sagt ihm, ich laß ihn grüßen, und er möchte es Euch geben, da ich es haben will. Ich hätte es zwar gerne bei mir, allein zum Heraufbringen ist es zu schwer. So leset Ihr nur fleißig darin, es wird Euch von großem Nutzen sein. Die Bilder, die ich Euch schicke, gehören der Franziska, der kleinen Maria und dem kleinen Josef. Lebet wohl![166]

Als Lektüre empfiehlt er seinen Brüdern und Schwestern Heiligenlegenden, nichtsahnend, dass auch er einmal in die Schar der Heiligen eingereiht werden würde.

---

[166] Bergmann, 1974, 114/115.

In der heutigen Zeit haben wir wohl unsere Schwierigkeiten mit der Aussage über den Ablass. Für den modernen Menschen klingt das zu sehr nach Werkgerechtigkeit. Hier scheint die „do-ut-des"-Regel angewendet zu sein, gegenüber welcher wir heute skeptisch geworden sind.

11 Das Noviziat in Laufen

Drei Monate lang betreute Konrad Pater Sylvester. Dann kehrte dieser auf Wunsch nach Altötting zurück, Konrad aber trat sein Noviziat in Laufen an.[167] Anfang September 1851 leistete er somit dem Aufruf durch P. Michael Haselbeck (1818-1870) Folge. Nun musste er sich erneut mit einer unbekannten Umgebung und fremden Menschen auseinandersetzen. Dabei waren die maßgeblichen Personen der Novizenmeister P. Stanislaus Schuster aus Württemberg (1814-1879) und der Hausobere P. Franz Xaver Kapplmayr (1825-1911), ebenfalls ein Bauerssohn aus Ilmmünster, jedoch sieben Jahre jünger als der mittlerweile 32jährige Konrad.[168] Er wurde später Provinzial und Generaldefinitor.

Zunächst bereitete Konrad sich durch Exerzitien auf die Einkleidung vor. Am Fest der Stigmatisation des hl. Franz, dem 17. September, legte Konrad die für den Orden typische braune Kutte mit Kapuze an.

---

[167] Das Kloster Laufen existiert seit 1655. In dem gegenüberliegenden Oberndorf ertönte am Heiligabend des Jahres 1818 zum ersten Mal das „Stille Nacht". Vgl. Walser, 39.

[168] Bergmann, 1974, 117.

Hl. Bruder Konrad

Heiliger Bruder Konrad
bitte für uns!

EMPFEHLUNG
in den besonderen Schutz
des hl. Br. Konrad.

In Deinen heiligen Schutz emp-
fehle ich mich, o heiliger Bruder
Konrad und bitte Dich demütigst,
Du wolltest in Ansehung der
grossen Liebe und des kindlichen
Vertrauens, von denen mein Herz
beseelt ist, meinen Namen in Dein
Herz schreiben und mich unter
die Zahl derer setzen, welche Du
besonders liebst und beschützest,
damit ich in allen meinen Anliegen eine sichere Zuflucht bei Dir
finde. Am Ende meines Lebens
aber stehe mir besonders mit Dei-
ner Liebe und Deinem Schutze
bei, damit ich in aller Ewigkeit
mit Dir mich im Himmel erfreuen
könne. Amen.

Mit kirchlicher Druckbewilligung.

Ars Catholica.

Gebet.

Hl. Bruder Konrad, du
wahrer Gottesfreund und
der Menschheit Vorbild
und Helfer, sei von mir
armen Sünder vielmals
gegrüßt! Du weilst in des
Himmels ewiger Herrlich-
keit, wo du am Vater-
herzen Gottes ruhst in
ewiger Liebe und un-
beschreiblicher Seligkeit.
In deinen Erdentagen hattest
du keine größere Sorge als
in Gott ein heiliges Leben
zu führen und dich ganz zu
verzehren im Dienste des
Nächsten. Jetzt fürwahr
genießest Du den verdienten
Lohn in den Freuden
des Himmels. Amen.

K. Jansen, Buttenwiesen

Nr. 260

Andachtsbilder, um 1960

Pater Stanislaus, der noch zehn Jahre lang in Altötting Konrads Beichtvater war,[169] vermittelte ihm die hl. Regeln, führte ihn in Ordenskonstitutionen und asketisches Leben ein.[170] Er sollte dem Novizen Hilfestellung leisten, damit jener sich darüber klar werde, ob er für das Ordensleben bereit und dafür von Gott berufen sei. Konrad hatte in all den Jahren in Parzham genug Zeit, sich seine Entscheidung zu überdenken, so stand für ihn schon bald fest, welchen Platz Gott für ihn auserwählt hatte. In seinem Brief vom 6. Februar 1852 (fast genau acht Monate vor der Profess) schreibt er seinen Geschwistern: *„Ich lebe recht zufrieden in Gott und verlange mir nicht mehr in die Welt hinaus."*[171]

Der Tagesablauf war möglichst gleichförmig. Geistlichen Übungen, Unterricht und Arbeit wechselten sich ab.[172] In Laufen wirkte Konrad nicht an der Pforte, sondern half dem Klostergärtner. Bei dieser Arbeit und durch den Aufenthalt in den ungeheizten Chor- und Kirchenräumen zog er sich einen schweren Bronchialkatarrh zu, der ihn ab dem 29. November für mehrere Wochen an das Krankenbett fesselte.[173]

Die Strenge des Klosters schreckte Bruder Konrad jedoch nicht ab. Schweigen, Fasten, Nachtwachen und Gebet kamen seinem Bedürfnis nach Ausdruck der Frömmigkeit eher entgegen. Eine schwierigere Lektion hatte er darin zu lernen, den eigenen Willen zu verleugnen. „Es ist

---

[169] Walser, 40.

[170] Kessler, 29.

[171] Walser, 40/41.

[172] Kessler, 29.

[173] Bergmann, 1974, 118.

allgemeine Erfahrung, dass Ordenskandidaten, die in vorgerücktem Alter eintreten und schon in der Welt ein besonders braves Leben geführt haben, gewisse Eigenheiten mitbringen, die sie bei Eingliederung in die Ordensfamilie schwer aufgeben. Das bereitet herbe Kämpfe und hat viele Demütigungen und Bußen im Gefolge."[174] Wohl aus langer Erfahrung als Guardian kann P. Joseph A. Kessler dieses Urteil fällen.

Wie Konrad selbst seinen Aufenthalt in Laufen schildert, lässt sich wiederum einem Brief an die Geschwister entnehmen.

Laufen, am 6. Februar 1852

Gelobt sei Jesus und Maria!

(...) Und nun weil Ihr wissen möchtet, wie es mir mit meiner Gesundheit ergehe, so kann ich Euch schreiben, dass es mir manchmal nicht gar gut ergeht. Im Advent mußt' ich mich zweimal einige Tage ganz legen. Es ging doch bald wieder besser. Dann habe ich mir auch Ader lassen. Jetzt geht es wieder besser. Betet für mich, dass mir der liebe Gott eine gute Gesundheit verleihe, wenn es anders der Wille Gottes ist.

Übrigens kann ich Euch schreiben, dass es mir gut geht. Ich lebe recht zufrieden in Gott und verlange mir nicht mehr in die Welt hinaus. Dass ich jetzt im Noviziate bin, das werdet Ihr wohl doch schon wissen. Daher betet fleißig für mich, dass ich dieses Jahr glücklich überstehe, dass ich nicht nur dem Kleide nach, sondern dem Geiste nach ein wahrer Kapuzinerbruder werde; denn als solcher ist gut leben und sterben.

---

[174] Kessler, 29/30.

Meine Lieben, jetzt hätte ich noch einige Bitten. Ihr möchtet nämlich so gut sein und mir zwei Büchlein schicken. Eins heißt die himmlische Schatzkammer. Es hat ein ledernes Futteral und die Blätter sind rot; das andere heißt: Maria, meine Zuflucht und mein Trost. Ein vollständiges Lehr- und Gebetbuch. Dritte, vermehrte Auflage von Michael Sintzel. Da bitt ich recht herzlich, Ihr möchtet es kaufen, denn zu Hause ist es nicht, wie ich es gerne hätte. Ich meine, der Buchbinder in Griesbach hätte es schon. Tut ihn mir recht schön grüßen; aber das Buch soll keinen Goldschnitt haben. Übrigens darf es schon gut gebunden sein.

Nun will ich schließen und Euch noch bitten, dass Ihr fleißig für mich betet, besonders wenn Ihr nach Kronberg kommt. Ich grüße Euch recht herzlich durch das göttliche Herz Jesu und Maria. Lebet wohl im Frieden und Gottes Segen wird auf Euch ruhen.

Bruder Konrad.

Es lebe Jesus und Maria in Euren Herzen![175]

Erstaunlich ist, dass Konrad keinerlei Fragen stellt, wie es den Zuhausegebliebenen geht. Interessieren ihn die Angelegenheiten des Hofes nicht mehr? Will er nicht wissen, wie es auf dem Gut zugeht, dessen Eigentümer er hätte werden können? Die Wichtigkeit dieser reellen Fragen erblasst für Konrad neben der Sorge um die gegenseitige Gebetsverantwortung. Dreimal fordert er die Briefempfänger allein in diesem Text auf, für ihn bei Gott zu bitten. Einmal darum, ihm eine gute Gesundheit zu verleihen, dann aufgrund seines Noviziats und schließlich bei ihren Wallfahrten nach Kronberg. Weiterhin er-

---

[175] Walser, 40/41.

sucht er neues Andachtsmaterial, legt jedoch Wert darauf, dass es nicht zu prunkvoll ausfällt, sondern seinem Sinn nach Demut angepasst ist

Ein weiteres Zeugnis über die Zeit als Novize wird in den Akten zur Selig- und Heiligsprechung vermerkt. Einem Klosterkandidaten, der für sich schon den Austritt beschlossen hat, rät er: „Für uns war das Noviziat sehr hart und streng, wir mussten auch mit Wasser uns begnügen und uns aufs Pflaster knien. Man soll halt nicht so empfindlich sein und sich besser überwinden."[176]

12 Bruder Konrads Lebensprogramm in elf Vorsätzen

Während seiner Profess-Exerzitien legte sich Konrad ein Lebensprogramm in elf Vorsätzen zurecht. In eiserner Disziplin hielt er sein Leben lang durch, was er in folgenden Sätzen formulierte:

Vorsätze, gefaßt mit Überlegung und voll Vertrauen auf den Beistand Jesus und Maria, es zu vollziehen.

1. Will ich es mir recht angewöhnen, mich allezeit in die Gegenwart Gottes zu stellen und mich öfters zu fragen, würde ich dieses oder jenes tun, wenn mich mein Beichtvater oder mein Oberer sähe, um wie viel mehr in der Gegenwart Gottes und meines Schutzengels.

2. Will ich mich recht oft fragen, wenn Kreuz und Leid kommen: Konrad, wozu bist du da?

3. Will ich das Ausgehen aus dem Kloster meiden, so viel ich kann, wenn nicht aus Liebe zum Nächsten oder im Gehorsam

---

[176] Bergmann, 1984, 121.

oder der Gesundheit wegen oder wegen Wallfahrten oder so in einer guten Absicht.

4. Will ich mich recht bestreben, die Bruderliebe in mir und in anderen zu bewahren. Da will ich mich recht hüten, dass ich nie ein Wort rede, das wider die Liebe wäre. Die Fehler, Mängel und Schwachheiten will ich geduldig ertragen und will es, soviel es sein kann, mit dem Mantel der Liebe zudecken, wenn es anders nicht Pflicht ist, demjenigen es zu entdecken, der es abstellen kann.

5. Will ich das Stillschweigen genau beobachten, soviel es nur immer sein kann. Im Reden will ich immer sehr sparsam sein und mich hierin vor vielen Fehlern bewahren, um mit Gott desto besser reden zu können.

6. Bei Tisch will ich mich immer, soviel es sein kann, in die Gegenwart Gottes stellen und mich immer recht eingezogen verhalten und diejenigen Speisen mir versagen, wo ich am meisten Lust hätte, und mich besonders in jenen Abtötungen üben, die am wenigsten gemerkt werden. Und das Essen außer der Tischzeit will ich immer meiden, ausgenommen es befiehlt es der heilige Gehorsam.

7. In den Chor will ich immer gleich gehen, sobald mich das Glöcklein ruft, wenn ich anders nicht gehindert bin.

8. Will ich den Umgang mit dem anderen Geschlechte, soviel ich kann, vermeiden, ausgenommen, wenn der Gehorsam ein Amt auferlegt, wo ich mit ihnen umgehen muß. Da will ich aber recht ernst sein und meine Augen recht im Zaume halten.

9. Dem Gehorsam will ich immer genau und pünktlich nachkommen und besonders will ich mir alle mögliche Mühe geben,

in allen Sachen meinen eigenen Willen zu bedämpfen zu suchen.

10. Will ich mich recht bestreben, auch die Kleinigkeiten recht zu beobachten, auch jede freiwillige Unvollkommenheit so viel (als möglich) zu verabscheuen. An die heilige Regel will ich mich immer fest halten und niemals auch (nur) fingerbreit davon abweichen, mag kommen, was will.

11. Ich will immer mich bestreben, eine innige Andacht zu Maria, der seligsten Jungfrau (zu haben) und mich recht bestreben, ihren Tugenden nachzufolgen.[177]

Betrachten wir diese Richtlinien etwas genauer im Hinblick auf Konrads Leben. Der Text gleicht einem Vertrag mit sich selbst. Dennoch weiß Konrad, dass die Einhaltung der Vorsätze der Gnade des Himmels bedarf und so ruft er Jesus und Maria in der Präambel zugleich als Zeugen und Helfer an. Nichts vermag er aus sich selbst heraus zu schaffen, dessen ist er sich bewusst.

Zwar verspricht er sich, möglichst *in allen Sachen <s>einen eigenen Willen zu bekämpfen*, doch genau die Verbindung von Personalpronomen und Verb *ich will* taucht insgesamt 18mal auf! Sein eigener Wille ist durchaus vorhanden, wird aber vom Gehorsam übertrumpft. Je ausgeprägter der eigene Wille, desto größer ist die Leistung bei dessen Bezwingung. P. Herman Stärk beurteilt die Situation folgendermaßen: „Der selige Bruder Konrad hatte viel Selbständigkeit an sich, als er in das Kloster kam. Die hatte er sich in der Welt angeeignet. In der Welt konnte er beten, soviel und solang er wollte. Er konnte in der

---

[177] Walser, 41/42.

Welt seinen religiösen Übungen nachkommen, wie er wollte, niemand machte ihm Vorschriften, ... Als er ins Kloster kam, musste das aufhören. Hier hatte er sich in die Ordnung zu fügen, hier konnte er nicht tun, was er gerade wollte, sondern musste tun, was ein anderer für gut fand."[178] Auch wenn diese Aussage schon aus dem Jahre 1934 stammt, hat sie ihren Wahrheitsgehalt nicht verloren.

Im ersten Punkt verdeutlicht er sich die Allgegenwart Gottes, in deren Horizont er sein Handeln versteht und aus der er es ableitet. Gott steht für ihn an der Spitze aller Überlegungen. Dann beschließt er, in schwierigen Zeiten immer wieder seinen Lebenssinn auszuloten (Vors. 2). Gottes Plan mit ihm ist ihm nicht verborgen, d.h. die Sinnfrage bleibt nicht unbeantwortet, sondern ist Ausgangspunkt für das Sich-in-Erinnerung-Rufen des Willlens Gottes.

Das Klostergebäude wählt er sich zur Heimat. Es zu verlassen erlaubt er sich nur in besonderen Fällen. Zweimal schickte der Provinzial Konrad zur Erholung nach Hause. Weil er von sich selbst unbedingten Gehorsam erwartete, kam er dem Befehl nach. Er fürchtete nicht etwa das Wiedersehen mit seinen Geschwistern und der vertrauten Umgebung, als vielmehr einen Mangel an Sammlung und Schweigen.[179] Schweigen erlegte er sich auch auf, was die negativen Seiten seiner Mitmenschen betraf (Vors. 4). Lästerungen wollte er unbedingt vermeiden, egal ob sie aus seinem Munde oder aus dem anderer stammten. In

---

[178] Stärk, 54.
[179] Kessler, 62.

Parzham hatte eine Bäuerin versucht, ihn am Feierabend auf der Hausbank in ein Gespräch über die Nachbarn zu verwickeln. Johann schlug ihr stattdessen vor: „Nachbarin, bet' ma an Rosenkranz, is gscheiter als d'Leut ausrichten!"[180]

Er nimmt sich nicht einfach vor, über die Unzulänglichkeiten der Menschen hinwegzusehen, sondern sie mit dem *Mantel der Liebe* zu zudecken. Er spricht nicht über Fehler und Makel, geht aber gleich noch einen Schritt weiter, indem er aus Liebe so handelt. Ein Beispiel dafür und für seinen unbedingten Gehorsam (Vors. 9) legte er als schon altgedienter Pförtner ab. Bruder Gilbert, sein Gehilfe, holte Konrads Rat ein. Dabei erzählte er, was der Guardian ihm im betreffenden Fall empfohlen hätte. Bruder Konrad meinte zunächst: „So darf man es fast nicht machen. Der neue Guardian kennt die hiesigen Verhältnisse noch nicht, es gibt dadurch viel Verdruß."[181] Kurz darauf entschuldigte sich Konrad bei Bruder Gilbert für das schlechte Beispiel, das er ihm gegeben habe.

Dem Vorsatz des Schweigens kam Konrad trotz seines Berufes gerne und oft nach. An eine Terziarin schreibt er: *„Lieben wir ja recht das Stillschweigen; denn eine Seele, die viel redet, wird nie zu einem wahren innerlichen Leben kommen."*[182] Das Gespräch mit Gott, Jesus, Maria und den Heiligen hat er dafür umso stärker gesucht.

---

[180] Eder, 17.
[181] Kessler, 121.
[182] Kessler, 82/83.

Zu seinen „Lieblingsheiligen" zählten Aloisius, Josef, Franziskus, Anna, Franziska von den fünf Wunden, Konrad von Piacenza, Felix und Seraphin.[183]

Der Askese des Wortes gesellte er die Askese der Nahrung bei, wie Artikel sechs verlangt. Er gönnte sich während seines Klosterlebens nur so viel Essen, wie er unbedingt zum Überleben brauchte. Mehrere Jahre ernährte er sich nur von Suppen, bis ihm der Arzt und die Oberen größere Portionen zur Pflicht machten. Um keinen Genuss beim Essen zu verspüren, mischte er sämtliche Speisen und versetzte sie mit Asche.[184] Wein und Bier versagte er sich, bis es ihm wiederum befohlen wurde. Bruder Konrad leistete Gehorsam, gestand sich allerdings nur schales Bier zu. Als Buße gab der Guardian ihm sogar einmal, eine Flasche Wein zu trinken![185]

P. Herman Stärk stellt heraus, wie Konrad die Enthaltsamkeit auf alle Sinnesorgane bezog. Seine Augen wollte er *im Zaume halten* (Vors. 8), seine Ohren verschloss er gegen unnütze Reden, seiner Nase widersagte er, Blumenduft einzuatmen und seinem Gaumen verbot er jeglichen Genuss.[186]

Frauen gegenüber verhielt Konrad sich höflich (Vors. 8). Schien ihm aber eine nicht rechtschaffen oder zu leicht bekleidet zu sein, reichte er ihr zum Gruß nicht mehr als zwei Finger. Seinen Gehilfen Bruder Gilbert ermahnte er: „Trauts nur keiner Frauensperson! Zuerst tuns euch

---

[183] Kessler, 89.
[184] Kessler, 103.
[185] Kessler, 104.
[186] Stärk, 76/77.

schön und nachher, wenn sie euch haben, dann aber ..."[187]. Dass von dieser Aussage jedoch keine Frauenfeindlichkeit abgeleitet werden darf, zeigt z.B. die Verbundenheit mit Anna Reitinger und der Terziarin, die er beide wegen ihres strebsamen und frommen Wesens schätzt. (Vgl. auch Punkt 19.2 und 19.3)

Wie wichtig er das Chorgebet (Vors. 7) nahm, lässt sich an der Teilnahme am Chorgebet um Mitternacht ablesen. Bruder Konrad befürchtete oft, er könnte diesen Termin verschlafen. Deshalb bat er einen Mitbruder, ihn rechtzeitig zu wecken. Meistens aber kam er diesem auf halber Strecke schon entgegen.[188] Dass er *niemals auch nur fingerbreit* von der Ordensregel abgewichen war, davon zeugte sein ganzes Leben innerhalb des Klosters. Der letzte Gedanke der elf Vorsätze gehört Maria. So bilden Gott im ersten und Maria im letzten Punkt den Rahmen um die Stichworte Sinnfrage, Zurückgezogenheit, Nächstenliebe, Schweigen, Askese beim Essen, Chorgebet, Frauen, Gehorsam, Ordensregel.

Derart gerüstet legte Bruder Konrad am 4. Oktober 1852, am Fest des heiligen Franziskus, die heilige Profess ab mit den Worten: „Ich, Konrad, gelobe und verspreche Gott dem Allmächtigen, der allerseligsten Jungfrau Maria, dem heiligen Franziskus, allen Heiligen und Euch, Vater, die ganze Zeit meines Lebens zu halten die Regel

---

[187] Winklhofer, 1979, 44.
[188] Kessler, 87

der Minderen Brüder, lebend in Gehorsam, ohne Eigentum und in Keuschheit."[189]

Die handschriftliche Gelübdeablegung fiel 1887 dem Klosterbrand in Laufen zum Opfer.[190] Konrad selbst nahm in der Nacht vom 22. auf den 23. November das Telegramm über die Brandkatastrophe entgegen, eilte damit zum Provinzial und tröstete diesen mit den Worten: „Pater Provinzial haben ein schweres Kreuz zu tragen, aber unser Heiland hat ein viel schwereres getragen!"[191]

13 Bruder Konrad als Pförtner

Nach diesen wechselvollen Zeiten wurde Konrad wieder nach Altötting gerufen. Als 34jähriger erhielt er jetzt die Stelle des Pförtners. Die Mitbrüder und auch Konrad selbst waren erstaunt: trotz seines Alters war Konrad im Kloster ein Neuling, und doch wurde gerade ihm der wichtigste Posten anvertraut. Konrad hatte Angst, der verantwortungsvollen Aufgabe nicht gewachsen zu sein[192], denn die Pforte galt als Aushängeschild, als Visitenkarte des Klosters. Wie ein Mensch dort aufgenommen wurde, zeugte von dem Geist, der innerhalb der Klostermauern herrschte.

Bruder Konrad stand von diesem Zeitpunkt an 41 Jahre lang an der Schwelle zwischen äußerer und innerer Welt,

---

[189] Kessler, 33. Anders Walser, 43:"...die ganze Zeit meines Lebens die von Papst Honorius bestätigte Regel der Minderen Brüder zu halten, durch ein Leben in Gehorsam, ohne Eigentum und in keuscher Ehelosigkeit."
[190] Bergmann, 1974, 124.
[191] Schmidt, 51.
[192] Kessler, 34.

treu seinen Dienst erfüllend, wiewohl die Aufgaben des Pförtners vielfältig waren, Geschick, Ausdauer und Einfühlungsvermögen erforderten. Sasowski fasst den Verdienst so zusammen: „Das Kunststück, das er an diesem Posten ein Leben lang zustande brachte, bestand wohl darin: die Geschäftigkeit und Betriebsamkeit an einem Wallfahrtskloster mit den täglich tausend Kleinigkeiten, Wünschen und Nöten im Griff zu behalten - und dennoch wirklich ein Bettelmönch zu werden und zu bleiben, der aus der Stille, der Betrachtung, aus dem Gebet zu leben weiß."[193]

Um sechs Uhr morgens begann er täglich sein Tagewerk. Mittags räumte man ihm eine Pause von 1½ Stunden (von 12.30 Uhr bis 14 Uhr) ein, während der ihn sein Gehilfe vertrat. Bis 20 Uhr im Winter bzw. 21 Uhr im Sommer blieben die Tore geöffnet.[194]

Bis zu 200mal täglich rief die Glocke Bruder Konrad heraus.[195] Er bezahlte Geschäftsleuten Rechnungen und führte Buch über die Ausgaben und Einnahmen. Er nahm Almosen in Empfang und bewirtete die Spender. Einen Großteil der Zeit war er damit beschäftigt, Messintentionen aufzunehmen. Bis zu 50.000 Goldmark kamen so jährlich in das Kloster.[196] Pater Englbert Walter bestätigt: „In den Rechnungen bezüglich der Messstipendien und Klosteralmosen war er so gewissenhaft und überlegt, dass dieselben stets genau stimmten."[197] Noch heute

---

[193] Sasowski,.18/19.
[194] Walser, 45/46.
[195] Eder, 23.
[196] Bergmann, 1974, 135.
[197] Walser, 57.

schreiben an gutbesuchten Wallfahrtswochenenden zwei Kapuziner etwa 1.000 - 2.000 Messstiftungen auf.[198]

Außerdem musste Konrad Patres rufen, die als Beichtväter oder Ratgeber von den Anklopfenden gewünscht wurden. Zigmal machte er sich auf den Weg um jeden einzelnen zu holen. Erstaunlich war, dass er die Patres auch ausfindig machte, obgleich er gar nicht wissen konnte, wo sie waren oder sie gar nicht sehen konnte.[199] Während seiner Abwesenheit hatten sich womöglich schon Leute angesammelt, die ihre Rosenkränze segnen lassen, Devotionalien kaufen oder nur eine Auskunft wollten.[200]

„Bruder Konrad soll von nun an den segensreichen Verkehr zwischen Kloster und Welt vermitteln, er soll dort ein Apostel der Gottes- und Nächstenliebe werden, ein stummer Prediger, der schon durch seine Erscheinung allen Ehrfurcht einflößt, Sünder bekehrt, Unglücklichen Vertrauen und Armen Trost und Hilfe spendet."[201] Zu Beginn seines Wirkens hatte wohl niemand geglaubt, dass einmal ein derartiges Urteil werde gefällt werden können. Gar zu schüchtern und zurückgezogen kam der Ordensmann daher, der lieber schwieg, als tausend Worte zu machen. Hier an diesem Begegnungsort blieb ihm nichts anderes übrig, als mit den Menschen näher in

---

198 Information aus einem Gespräch mit Pater Godehard OFMCap. in Altötting am 28. Juli 2000.
199 Kessler, 38/39. Einen Pater fand er auf dem Glockenturm, obwohl dieser seinen Aufenthaltsort geheim gehalten hatte, um in Ruhe seine Predigt studieren zu können.
200 Schmidt, 39.
201 Kessler, 34.

Kontakt zu treten und seine Scheu zu überwinden. Seinem Gehilfen, Bruder Gilbert Spiegel aus Burggriesbach (1817-1921) bekannte er: „Es war ein harter Anfang für mich! Der Dienst an der Pforte kam mir sehr hart und schwierig vor."[202] Diese Aussage scheint umso verständlicher als es nicht in der Absicht seines ersten Guardian stand, ihn besonders zu schonen; im Gegenteil. Pater Lukas Fischbach gab ihm mit den Worten: „Bruder Konrad soll sich merken, dass er bei uns das Gnadenbrot ißt!"[203] zu verstehen, dass sein damaliger weltlicher Reichtum ihm keine Sonderstellung einräumte.

Konrad nahm die Demütigung hin, obwohl die ganze Brüdergemeinde zugegen war. Die Prüfung, die der Guardian ihm mit dieser Aussage auferlegt hatte, hatte er somit bestanden. So konnte Konrad seinem Gehilfen, der ihn 19 Jahre lang begleitete, weiter berichten: „Dennoch schätzte ich mich glücklich, den Dienst innerhalb der Klostermauern tun zu dürfen."[204]

An wem nun tat er diesen Dienst? Konrads Klientel war bunt durchgemischt. Bettelarme Kinder und Erwachsene klopften an, Leute aller Berufssparten und natürlich Kleriker. Mit dem mittellosen Jungen wusste er genauso umzugehen wie mit Bischöfen und Kardinälen. Bruder Gilbert bewunderte Konrad: „Obschon jährlich viele Tausende an die Pforte kamen, Menschen verschiedenster Art: rohe Handwerksburschen, freche Hausarme u. dgl., habe

---

[202] Bergmann, 1984, 42.
[203] Bergmann, 1984, 52.
[204] Ebd.

ich in den vielen Jahren den Bruder Konrad nie zornig oder aufgeregt gesehen."[205]

Sein Gleichmut, sein Sanftmut, die Ausdauer und Beharrlichkeit drückte sich auch in seiner konsequenten Lebensführung aus. 41 Jahre lang blieb sein Tagesablauf ständig derselbe: um halb vier Uhr morgens öffnete er die Kirchenportale, wenn der Mesner, Bruder Sakristan (Meinrad Sailer aus Augsburg), erkrankt war. Im Winter verschob sich die Öffnungszeit um eine Stunde nach vorne. Wenn dann die ersten Pilger den Wallfahrtsort erreichten, weckte er den jeweiligen Pater (um 4.30 Uhr) zur Frühmesse. Er selbst hatte das Vorrecht, bei diesem allerersten Gottesdienst um 5 Uhr zu ministrieren.[206] Oft übernahm er noch die Aufgabe, die Altäre und die Sakristei vorzubereiten und abreisenden Gästen nach der Frühmesse Frühstück zu machen.[207] Wie schon erwähnt begannen eine Stunde später die Geschäfte an der Pforte, die ihn 11½ (im Winter) bzw. 12½ Stunden (im Sommer) in Anspruch nahmen. Nach dem Abendessen betete Konrad in der sogenannten Alexiuszelle, bevor er um 21 Uhr abends die Kapelle für den erkrankten Bruder Sakristan schloss. Anschließend konnte er sich ein paar Stunden zur Ruhe legen. Doch schon um Mitternacht fanden sich die Mönche zum etwa einstündigen Chorgebet zusammen. In den ersten Ordensjahren zog es Konrad danach in die Klostergruft, wo er bis zum Beginn seines Tagewerks für die verstorbenen Brüder betete. Der Guardian Peter Chrysologus Behr (1830-1879) verbot ihm

---

[205] Kessler, 37.
[206] Eder, 24.
[207] Walser, 45.

schließlich 1876 diese Praxis.[208] Aus diesen Angaben lässt sich ein „Tageszirkel" erstellen, der die Zeitaufteilung eines Tages im Leben des Bruder Konrad verdeutlicht (siehe Seite …).

Zeit war für Konrad so wertvoll, dass er es selbst nicht ertragen konnte, wie andere Brüder untätig waren. „Verliert keine Zeit! Die Zeit ist kostbar! Meidet den Müßiggang!"[209], ermahnte er sie. Schon die knappe Formulierung spiegelt diesen Umstand wider. Ein Zeuge berichtete, dass, so innig Bruder Konrad auch betete, er beim Glockenton der Pforte sofort seiner Pflicht nachkam und seinen Gebetsort verließ.[210] Im Seligsprechungsprozess resümierte der frühere Hausarzt des Klosters:

„Oft war es mir vergönnt, den Diener Gottes mitten im Gedränge der Wallfahrer und Armen, die Speisen und Getränke heischten, zu bewundern, wie der kleine, gebeugte, stets gebrechlicher werdende Bruder seines mühevollen Amtes mit nie versiegender Güte, staunenerregender Geduld und unglaublicher Ausdauer waltete. Nach meiner Auffassung ist der Beruf des Pförtners in Alötting wohl der schwierigste und mühevollste in der ganzen Ordensprovinz. (…) Hundertmal war es immer der gute Bruder Konrad, der mir die Klosterpforte in stets gleich rührender Demut mit freundlichem Lächeln aufschloß. Und so wie gegen mich, verhielt er sich gegen alle, die an die Pforte klopften. (…) In Anbetracht der großen Gebrechlichkeit, der schweren Anforderungen seines Berufes und seines körperlichen Leidens (er war Asthmatiker), auch in Rücksicht

---

[208] Walser, 55.
[209] Walser, 52.
[210] Walser, 48.

auf die lange Dauer seiner Berufsstellung komme ich zu dem Urteil: Bruder Konrad war ein stiller Held in der Klosterzelle. Unter den Ordensleuten, besonders den Ordensbrüdern, war er eine Leuchte, hervorragend über die andern."[211]

Diese Aussage bringt den Verdienst des Bruders Pförtner auf den Punkt. Die schwierigste der Aufgaben am größten Wallfahrtsort in Bayern meistert er mit *nie versiegender Güte, staunenerregender Geduld, unglaublicher Ausdauer* und *rührender Demut.* Nur lebensbedrohliche Krankheit konnte ihn von seiner Arbeitsstelle fernhalten. Nie hat er sich selbst dieser Tugenden gerühmt, so war er einfach der *stille Held.*

---

[211] Walser, 46/47. Kessler, 38.

Reliefbild aus Gips, um 1932

14 Bruder Konrad als Brotvater der Armen

Der *stille Held* konnte aber ungehalten werden, wenn es um die angemessene Versorgung der Ärmsten ging. Bruder Baldomer Lautenschlager backte das Brot für die Klosterinsassen und die Bedürftigen. Aus Unachtsamkeit ließ er es einmal verbrennen und versuchte, die Sache geheim zu halten. Bruder Konrad aber ermahnte seinen Mitbruder: „Wir bekommen Almosen von den Leuten zum eigenen Lebensbedarf und um sie an die Armen weiter zu schenken. Verderben lassen ist nicht recht! Wir haben eine Verantwortung, wenn wir das Almosen nicht sorgfältig behandeln!"[212]

Die an die Klosterpforte pochenden Bittsteller lagen Bruder Konrad so sehr am Herzen, dass er sich nicht scheute, alle Speisen, die er in der Klosterküche finden konnte, zusammenzusuchen um sie an die bittenden Handwerksburschen, Arbeitslosen und Kinder zu verteilen. Manche seiner Brüder erhoben dagegen Einspruch. Konrad antwortete dann entweder kurzerhand, dass eben er gänzlich auf seine Ration verzichten werde, von der er ohnehin immer ein paar Brocken abspart; oder er versichert „Was man den Armen gibt, kommt alles wieder herein!"[213] Es lag ihm viel daran, dass die 20 festen Almosenempfänger und die mehr als 100 Handwerksburschen,[214] die täglich vor der Türe warteten, gutes Essen bekamen. Wenn auch unter Missbilligung des bierbrauenden Bruders z.B. schenkte Konrad das gute Bier aus

---

[212] Walser, 52.
[213] Walser, 65.
[214] Eder, 24.

und behielt das Dünnbier so lange als möglich zurück. Wie „erlauchte Gäste"[215] soll er die Armen behandelt haben. Er linderte jedoch nicht nur ihre physische Not, sondern hörte sich auch ihre Sorgen und Beschwerden an. Indem er ihnen versprach, er werde bei Gott für sie bitten, bewies er sich als Seelsorger. „Ein ernster Blick, ein halblaut geflüstertes Wort, ein mahnend erhobener Finger wirkte manchmal mehr wie eine Predigt."[216] Immer wieder versichert er den Hilfesuchenden, mit genug Gottvertrauen werde ihnen geholfen.

Nicht immer erwiesen sich die Anklopfenden als ebenso freundlich wie der Geber. Ein Bettler warf den Teller mit Suppe unter wüsten Beschimpfungen zu Boden. Konrad sammelte die Scherben ein und ging eine bessere Mahlzeit suchen.[217]

Zwischen 70 und 80 Laib Schwarzbrot pro Woche reichte Konrad zur Klosterpforte hinaus. Dazu schenkte er jährlich etwa 38.000 Liter Dünnbier und 1.100 Liter gutes Bier aus.[218] Letzteres vor allem an die Wohltäter des Klosters, die er ebenfalls auf das Beste versorgte.

15 Bruder Konrad und die Kinder

Ganz besonders zugetan war Konrad den Kindern. Die weitverbreitetsten Bilder des heiligen Bruder Konrad zeigen ihn umringt von einer Kinderschar. Er ist dargestellt als schon älterer Kapuziner mit wallendem weißen Bart,

---

[215] Bergmann, 1984, 66.
[216] Walser, 59.
[217] Walser, 57.
[218] Schmidt, 56.

der sich zu den Kleinen hinunter beugt und aus dem Korb, den er im Arm trägt, einen Laib Brot in die bittenden Hände eines Mädchens legt.

In Wirklichkeit lief die Speisung der Kinder nicht immer so harmonisch ab. Ohne es tatsächlich böse zu meinen, trieben sie einmal ihren Spaß mit dem Bruder Pförtner. Eine Gruppe von etwa 30 Jungen ging nicht gesammelt vor die Klostertüre, sondern einer nach dem andern zog an der Glocke, sodass Konrad für jedes Kind eigens vor die Pforte gehen musste. Er durchschaute diese Neckerei, ließ sich aber nicht zum Zorn reizen. Er kommentierte nur: „Ihr Schlankln, einer um den anderen kommt daher. Aber es macht nichts. Ich geh in Gott's Nam noch zwanzigmal heraus, solang mich die Füße tragen. Ich habe aber auch eine andere Arbeit noch, verstehst mich?"[219] Somit war die Sache geklärt.

Zu einer dieser „anderen Arbeiten" zählte auch das Verteilen des „Seraphischen Kinderfreundes", der noch heute monatlich erscheint. Seit 1889 gab der franziskanische dritte Orden diese Zeitschrift heraus, die die Leser auf eine Kinderhilfsaktion aufmerksam machen sollte. Ziel war die Unterstützung von Straßenkindern.[220]

---

[219] Bergmann, 1984, 66/68.
[220] Walser, 61.

16 „Herzensschau"

Zahlreiche Anklopfende berichteten von der Erfahrung, Bruder Konrad habe ihr innerstes Wesen erkannt, sobald er sie sah.

Franziska Moser z.B. kam schon als 6jährige täglich an die Pforte. Konrad widmete ihr besondere Aufmerksamkeit, indem er ihr neben Brot auch Obst oder andere Kleinigkeiten zusteckte. Jahre später trafen sich die beiden wieder an der Pforte. Obwohl sie sich lange nicht begegnet waren, erkannte Konrad sie sofort. Er sprach nur ihren Namen und drohte mit dem Finger, denn die junge Frau war leichtsinnig und ausgelassen geworden. „Der hat mir ins Herz geschaut."[221] war sie sich sicher und änderte ihr Leben.

Im Beichtstuhl bekannte ein Obdachloser dem Pater Julius Völkl: „Ich habe bei dem alten Kapuziner an der Pforte um ein Stück Brot gebettelt. Da hat er mich angeschaut, und das ist mir durch Mark und Bein gegangen."[222]

Ein wenig erschreckt hat er wohl auch ein ihm unbekanntes Mädchen mit der Vorhersage, sie werde später „Klosterfrau" werden, was sich als richtig herausstellte.[223] Natürlich liebte Konrad die Ordensleute und freute sich über jeden, der in ein Kloster eintrat. Ganz besonders verehrte er aber die Priester und brachte das auch durch

---

[221] Walser, 62.
[222] Schmidt, 52.
[223] Winklhofer, 1979, 48.

einen Handkuss zum Ausdruck.[224] Nur einmal unterließ er dies, als einer kam, um im Kloster eine, wie er selbst sagt, „schwere Sünde" zu beichten. Konrad tat seine Pflicht, indem er einen Beichtvater holte. Er beachtete den Priester erst wieder, als dieser nach der Beichte das Kloster verließ. Für diesen stand fest, dass Konrad um seine Verfehlung gewusst haben musste.[225]

---

[224] Kessler, 98. Aus den Physikatsberichten der Ärzte in Ostbayern im 19. Jahrhundert geht hervor, dass die Hochachtung vor den Geistlichen allgemein im Volk verbreitet war. Der Passauer Stadtdoktor Michael Erhard schreibt, er halte „die Achtung, in welcher der Clerus bei dem Volke steht, so wie die Anhänglichkeit an denselben" für „unerschütterlich". Pötzl, 95.

[225] Walser, 92.

17 Bruder Konrad als Betrüger

Nicht alle Menschen hatten automatisch Respekt vor Bruder Konrad. Selbst seinen Mitbrüdern erschien seine Frömmigkeit manchmal übertrieben.[226] Der königliche Amtstierarzt Alois Brenner klagte 1856 sogar gegen Bruder Konrad und den Redemptoristenpater Hader wegen Betrugs. Anlass dazu gaben ihm kleine geweihte Kräuterpäckchen, die er bei den Bauern im Heustadel oder im Stall fand. Sie sollten Unheil von Mensch und Vieh fernhalten. Zu diesem Zweck holte man sie an der Klosterpforte ab und gab dafür eine kleine Spende. Pater Hader aber, so erfuhr der Amtstierarzt, hatte einen Stall benediziert. Um derlei Aberglauben Einhalt zu gebieten, wandte sich der Tierarzt an die Gerichtsbehörde in Vilshofen, die nach eingehenden Untersuchungen die Angelegenheit dem Landgericht Passau übergab. Dort ließ man die Anklage fallen, schaltete jedoch das Landgericht Altötting ein, welches prüfen sollte, ob derlei Praktiken nicht als Kurpfuscherei bestraft werden müssten. Der zuständige Justizrat Bachmair befand, dass eine kirchliche Weihe nicht identisch sei mit einem tierärztlichen Eingriff. Er verhörte jedoch sowohl Konrad als auch Pater Hader, um sicherzustellen, dass sie nicht beabsichtigt hatten, tierärztliche Tätigkeit auszuüben. Schließlich wurden beide freigesprochen und Konrad tat weiterhin „was <s>eine Vorfahren getan haben"[227] und verteilte die Kräutersäckchen.

---

[226] Winklhofer, 1979, 50.
[227] Bergmann, 1974, 159.

18 Verhältnis zu den Geschwistern

Dass Konrad seine ursprünglichen Wurzeln und die Daheimgebliebenen nicht vergaß, dokumentiert die Anweisung im dritten Brief, die mitgeschickten Bilder an seine Nichten und den Neffen weiterzugeben.[228]

Briefpost von ihm war selten, dessen war er sich bewusst, so begann er ein Schreiben vom 6. Februar 1852: *„Meine lieben Geschwister! Ihr werdet vielleicht denken, ich hätte Euch schon ganz vergessen, weil Ihr schon so lange nichts mehr gehört habt. Allein es ist nicht so. Ich denke oft an Euch und bete täglich für Euer geistliches und leibliches Wohlsein. Ja, meine Lieben, ich bin Euch recht viel Dank schuldig für alles Liebe und Gute, so Ihr mir getan habt. Der liebe Gott vergelte es Euch. Für die Bilder, die Ihr mir geschickt habt, sage ich Euch meinen herzlichen Dank."*[229]

Konrad erhielt nicht nur Bilder, sondern auch Äpfel, Nüsse und Tücher, die ihm seine Geschwister durch Boten überbringen ließen (siehe Brief vom 29.12.1864 und 28.12.1870). Jedes Jahr besuchte ein Bruder oder eine Schwester Konrad im Kloster. Er nahm sich allerdings nicht allzu viel Zeit für sie, um die Bittsteller an der Pforte nicht zu vernachlässigen.[230]

Die Trennung akzeptierte er als Wille Gottes. So schreibt er am 29. Dezember 1864: *„Ich wünsche Euch eine recht gute Gesundheit, und daß Ihr ja recht friedlich miteinander lebt und daß Ihr ja recht brav seid, damit wir ja im Himmel*

---

[228] Bergmann, 1984, 115.
[229] Walser, 40.
[230] Winklhofer, 1979, 46/47.

zusammenkommen, weil es auf der Welt nicht sein kann. Denn es war Gottes Wille, ich mußte alles verlassen, was mir lieb und teuer war, ich mußte meinem Beruf nachkommen, ich konnte nicht anders. Im Geiste bin ich ja oft bei Euch. Ich danke dem lieben Gott, daß er mich zum Ordensstand berufen hat, wo ich ganz glücklich und zufrieden bin, was ich in der Welt nicht war.“[231]

Fast dieselben Worte verwendete er ein Jahr später:

„Altötting am 28. Dezember 1870
Geliebte Geschwister! (...) Ich kann es nicht unterlassen, bey herannahendem neuen Jahre meine Glückwünsche abzustatten. Oh, es möchte ein recht reiches für den Himmel, für die Ewigkeit werden! Daß Ihr ja recht gesund seyd und im rechten Frieden miteinander lebet, daß wir einmal im Himmel zusammenkommen, weil es der Wille Gottes war, daß wir auf Erden voneinander geschieden sind. Betet recht fleißig und gern und verrichtet Euere Standespflichten mit guter Absicht, dann wird es gewiß dem Himmel zugehen. Sorget nur fleißig für Euer ewiges Heyl, denn wer weiß, ob dieses Jahr nicht für eines von uns das letzte ist.“[232]

Weiter legte er seiner Schwester Therese ans Herz, sich besser zu schonen. Immer versicherte er, für sie alle zu beten und wünschte sich das Gleiche auch von ihnen. Das Gebet war für ihn der erste und einzige Ausweg aus allen Nöten und gleichzeitig sein größtes Anliegen. Sein Neffe Johann Birndorfer berichtete: „Für weltliche Angelegenheiten seiner Verwandten zeigte er kein Interesse. Er fragte niemals danach. Erzählten wir ihm von einem Kreuz in der Familie, so sagte er nur: 'Wollen wir halt

---

[231] Walser, 69.
[232] Walser, 70.

recht beten!'"[233] Auch Katharina Stockinger, die Magd des Venushofes, die ihn gelegentlich besuchte, ermahnte er, immer wieder für ihr geistiges Wohl zu sorgen. Sie sagte ebenfalls aus, dass Konrad sich nicht nach den landwirtschaftlichen Verhältnissen erkundigt hatte.[234]

Die Geschwister trafen sich aber nicht nur in Altötting, denn seinen Klosterurlaub verbrachte Konrad in Parzham. Seine Schwester Therese und sein Bruder Georg lebten und arbeiteten noch dort. Die Ordensregel hielt er während seiner Besuche genauso ein, betete in Weng, schenkte den Kindern am Wegesrand Bilder, speiste die Armen vor der Haustüre und fastete. Früher als geplant, machte er sich zu Fuß wieder auf den Rückweg ins Kloster, das er schon lange als sein eigentliches Zuhause ansah.[235]

Ein zweiter Heimataufenthalt hatte eine traurige Ursache. Am 27. März 1892 starb Georg. Zum Glück hatte er zwei Monate zuvor den Hof Josef Bachmaier übergeben, dem Enkel der ältesten Schwester Maria. Konrad kam - seines Alters wegen ausnahmsweise mit dem Zug[236] - um Therese zu trösten und wieder einmal die Heimat zu besuchen. Er blieb nur zwei Tage, lehnte alle Annehmlichkeiten ab, die der neue Bauer ihm darbot, betete in Weng, St. Wolfgang und Kronberg und verabschiedete sich zum letzten Mal. Therese starb im April des darauffolgenden Jahres.[237]

---

[233] Walser, 73.
[234] Ebd.
[235] Walser, 74.
[236] Schmidt, 60.
[237] Walser, 75.

19 Geistliche Freundschaften

Viele Menschen lagen Bruder Konrad besonders am Herzen. Es waren die Kinder, die Armen, die Handwerksburschen, seine Mitbrüder und die Geschwister. Daneben hielt er Kontakt zu drei Freunden, die ebenfalls tiefgläubig waren. Mit ihnen verband ihn besonders das gegenseitige Gebetsgedenken.

19.1 Michael Bärenwinkler (1821-1908)

Einer dieser drei hieß Michael Bärenwinkler. Als Schneider lebte er unverheiratet in St. Wolfgang, wo sein Vater Mesner gewesen war. Schon von Jugend an waren er und Konrad befreundet gewesen, was wohl aus der Ähnlichkeit im Wesen und im Lebenswandel herrührte. Bärenwinkler war „ein Zachäus von Gestalt"[238], aber bei den Leuten im Dorf sehr angesehen aufgrund seiner frommen Gesinnung. Wirklich schien er „ein getreues Abbild"[239] des Bruder Konrad zu sein: täglich betete er vor dem Allerheiligsten, verbrachte den ganzen Tag der Ewigen Anbetung versunken in der Kirche, empfing öfter als sonst üblich die Kommunion. Nie trennte er sich von seinem Rosenkranz und wallfahrtete, wie auch Konrad, zu Fuß nach Passau und Altötting. Wenn möglich traf er dort jedes Jahr am 29. September, dem Michaelitag, seinen Freund, um sich mit ihm zu unterhalten. Konrad wiederum ließ es sich nicht nehmen, bei seinen Aufenthalten in Parzham Bärenwinkler jeweils einen Besuch abzustatten. Einmal übernachtete er im Mesnerhaus in St.

---

[238] Kessler, 65.
[239] Walser, 76.

Wolfgang, damit er dort am darauffolgenden Morgen an der heiligen Messe teilnehmen konnte.

Die Verbundenheit der beiden endete nicht mit Konrads Tod. Bis etwa 1906 besuchte Bärenwinkler jährlich die Gruft, in der Konrad begraben lag. Zwei Jahre später starb Bärenwinkler wie es heißt „im Rufe der Heiligkeit."[240] Der Priester, der ihm die Sterbesakramente brachte, bekannte: „Bei jedem Besuch war ich darauf bedacht, mich gut vorzubereiten, und dennoch hatte ich ihm gegenüber das Gefühl großer Armseligkeit."[241]

19.2 Anna Reitinger (1840-1922)

Michael Bärenwinkler konnte also nicht mehr als Zeuge beim 1912 eingeleiteten Seligsprechungsprozess dienen. Anna Reitinger dagegen, die mit Konrad eine weitere wichtige Freundschaft hielt, brachte mit ihren Aussagen den Prozess wesentlich voran. Sie kannte Konrad seit 1856, als sie im Alter von 16 Jahren bei der Endstation ihrer Wallfahrt an die Klosterpforte klopfte. Zehn Jahre später arbeitete sie als Näherin in der Mädchenerziehungsanstalt Josefsburg bei den Englischen Fräulein. Dabei führten sie ihre Botengänge auch ins St.-Anna-Kloster. Als sie Konrad bei einer Begegnung erzählte, dass sie aus Holzkirchen stamme, kamen sie auf den dortigen Pfarrer Thomas Braun zu sprechen, der das Dogma der Unbefleckten Empfängnis Mariens ablehnte und später zu den Altkatholiken übertrat. Wieder hielt Konrad in diesem Fall nur eines für notwendig: zu beten.

---

[240] Walser, 77.
[241] Ebd.

Dafür gewann er auch Anna. Die beiden bildeten ab Anfang der 60er Jahre eine Gebetsgemeinschaft, in der einer für den anderen bei Gott Fürsprache einlegte: „Auch wünschte er, dass die armen Kinder der Josefsburg für ihn beten möchten, was ich den Kindern auch empfahl. Später fragte er mich, ob ich nicht jeden Monat eine heilige Kommunion für ihn aufopfern wolle, was ich auch zu tun versprach. Nach einiger Zeit opferten wir jeden Monat zwei Kommunionen füreinander auf. Einige Jahre vor seinem Tode schenkte mir der Diener Gottes ein Bildchen, auf dessen Rückseite er eigenhändig geschrieben hatte: Zur oftmaligen Erinnerung im Gebete. Eines Tages ermahnte er mich: 'Fahren wir fort, füreinander zu beten und die heilige Kommunion aufzuopfern. Der Überlebende soll hier auf Erden fortfahren, und ich tue es in der Ewigkeit, denn ich werde jedenfalls zuerst sterben.' Als ich nun eines Tages unter der Türe der Weihekapelle im Klostergang betete, trat Bruder Konrad auf mich zu und flüsterte im Vorbeigehen die Worte: 'Sie beten nicht mehr für mich' und ging davon, bevor ich meine Schuld eingestehen konnte; in der Tat hatte ich seit einiger Zeit das Gebet für ihn unterlassen."[242]

Was Anna Reitinger mit ihrem Gebet erwirken konnte, zeigen die Bekehrungen, die auf ihre Fürbitte hin geschahen. Als sie an Konrads Grab für den verletzten Einbrecher der Altöttinger Schatzkammer betete, konvertierte dieser zur katholischen Kirche.[243]

---

[242] Walser, 78.
[243] Walser, 79.

Ihr Leben lang blieb sie dieser Kirche treu. Sie trug den Bußgürtel, trat in den Dritten Orden und die Marianische Kongregation ein, pilgerte nach Rom und Palästina bis sie schließlich am 17. August 1922 an Magenkrebs starb.[244]

19.3 Anonyme Terziarin

Mit Anna Reitinger fand aufgrund der örtlichen Nähe kein Briefwechsel statt. Michael Bärenwinkler dagegen erhielt einige. Die aufschlussreichsten Nachrichten aber sendete Konrad an eine Terziarin, eine Angehörige des Dritten Ordens, von der weder Name noch Lebenslauf bekannt sind. Drei Briefe aus dem Jahr 1872 blieben erhalten, in denen Konrad über seine Spiritualität in nie gekannter Weise spricht. Der Frau schienen die Briefe wichtig zu sein, denn sie antwortete ihrerseits häufig. Deshalb ermahnte Konrad sie: *„Sie haben vielleicht noch ein wenig zuviel Anhänglichkeit an das Briefschreiben. Sie werden es nicht übel aufnehmen. Ich habe es öfters vor dem lieben Gott überlegt, daß es so besser ist, wenn ich nicht schreibe."*[245]

Was veranlasste ihn dazu, möglichst selten etwas zu Papier zu bringen, wo er doch sicher ist die Adressatin werde *„ja mit Sehnsucht auf eine Antwort gewartet"*[246] und *„sich vielleicht manchesmal beunruhigt haben."*[247] Zeit zum Schrei-

---

[244] Kessler, 74.

[245] Walser, 83. Dritter Brief vom 3. Oktober 1872. Der besseren Lesbarkeit wegen wurde hier der ursprünglich willkürliche Wechsel von *„Du"* und *„Sie"* in der Anrede durch das fortlaufende *„Sie"* ersetzt.

[246] Walser, 80. Erster Brief vom 28. April 1872.

[247] Walser, 80. Erster Brief vom 28. April 1872.

ben hat er eigentlich nicht, wie er selber sagt[248] und zudem untersagt die Klosterregel einen zu regen Briefwechsel.[249]

Wie schon bei den vorherigen beiden Freundschaften, betonte Konrad das gegenseitige Fürbittgebet. In jedem der drei Briefe erscheint fast wörtlich dieselbe Wendung - *„Beten Sie für mich.“*[250]

In dieser Frau hatte er einen Menschen gefunden, der wie er sich zu Gott hingezogen fühlte: *„Es ist mir ein großer Trost, daß Sie ein so inniges Verlangen haben, sich Gott ganz zu schenken. Das ist ja ein gutes Zeichen einer gottliebenden Seele.“*[251] Beide wissen um das Geschenk ihrer spirituellen Gabe: *„Ich sehe ja in Eurem Brief, daß Sie sehr begnadigt sind, und dafür recht dankbar sind.“*[252] Diese Gewissheit veranlasste Konrad, über seine Beziehung zu Gott mit ihr zu sprechen.

---

[248] Im ersten Brief: *„Doch ich schreibe Ihnen ganz kurz, und ich kann auch nicht viel schreiben, weil ich meistens abends ganz unfähig dazu bin, meistens leidend, und am Tage habe ich keine Zeit.“* Walser, 80. Im dritten Brief: *„Ich hätte noch vieles zu schreiben, ich habe aber keine Zeit mehr, das Glöcklein ruft mich ja bald zum Lobe Gottes.“* Walser, 84.

[249] Bergmann, 1974, 213.

[250] Im ersten Brief: *„Ich bitte nun, beten Sie ja recht für mich.“* Walser, 81. Im zweiten Brief: *„Ich bitte Sie, fahren Sie nur fort, für mich zu beten.“* Walser, 82. Im dritten Brief: *„Sie werden ja doch auch für mich gebetet haben (...).“* Walser, 83.

[251] Walser, 81. Zweiter Brief.

[252] Walser, 80. Erster Brief.

Reliefanhänger aus Wachs, 1980er Jahre

20 Bruder Konrads Spiritualität

Konrad war ein einfacher Mann. Nur bis zu seinem zwölften Lebensjahr besuchte er die Schule, was im Vergleich zum heutigen Bildungsweg relativ kurz erscheint. So konnte er auch nicht die Laufbahn eines Priesters einschlagen, wodurch jedoch seine „einzigartige religiöse Genialität"[253] nicht beeinträchtigt wurde. Im Leben legte er davon Zeugnis ab durch seine tätige Nächstenliebe und seinen unermüdlichen Dienst im Kloster. Als schriftliche Belege für diese Begabung können wiederum Zeilen aus den Briefen an die unbekannte Terziarin dienen:

„Meine Lebensweise besteht nun meistens darin: Lieben und Leiden, im Staunen und Anbeten und Bewundern der namenlosen Liebe zu uns armen Geschöpfen. In der Liebe meines Gottes komme ich an kein Ende. Da hindert nichts, da bin ich immer mit meinem lieben Gott auf das Innigste vereinigt. Auch bei meinen vielen Geschäften bin ich oft um so inniger mit ihm vereinigt. Ich rede da auch ganz vertraulich wie ein Kind mit seinem Vater. Ich klage ihm da meine Anliegen, meine Bitten, was mich am meisten drückt. Dann bitte ich ihn, er möchte mir diese oder jene Gnade verleihen, aber mit recht kindlichem Vertrauen, ja mit recht großem Vertrauen. Habe ich gefehlt, dann bitte ich recht demütig, er möchte mir wieder verzeihen, ich will ja ein recht gutes Kind werden. Ich will ihn dann um so inniger lieben. Und das Mittel, das ich gebrauche, mich in der Demut und Sanftmut zu üben, ist kein anderes als das Kreuz. Dies ist mein Buch. Nur ein Blick auf das Kreuz lehrt mich in jeder Gelegenheit, wie ich mich zu verhalten habe.

---

[253] Winklhofer, 1979, 58.

Da lerne ich Geduld und Demut, Sanftmut und jedes Kreuz
mit Geduld zu ertragen. Ja, es wird mir süß und leicht."[254]

Diese Zeilen verfasste Konrad am 28. April 1872. Nicht
einmal vier Monate später schreibt er weiter: *„(...) Oh,*
meine Schwester, der liebe Gott meint es gut mit uns. Er hat
uns mit vielen Gnaden überhäuft, die er uns aus lauter Liebe
und Barmherzigkeit mitteilt. Oh, welch Undank wäre es, wenn
wir sie nicht recht benützen würden, oder sie gar mißbrauchen
würden. Oh, nein, das wollen wir nicht tun. Ihm wollen wir
uns ganz schenken, dem lieben guten Himmelvater. Den
wollen wir recht lieben. Oh, unsere Liebe soll groß sein. Sie soll
immer größer werden, denn da gibt es keinen Stillstand. Ja
unsere Liebe muß zu einer hellen Flamme werden, die alles
verzehrt, was uns nicht inniger mit ihm vereinigt, und im
Verkehr, mit ihm umzugehen, hindern könnte. Es ist genug, da
komme ich an kein Ende."[255]

Gott und die Liebe gehören für Konrad zusammen.
Manchmal fürchtete er, Gott zu wenig ergeben zu sein,
obwohl er sich schon völlig in Gott verloren hatte. Winklhofer erklärt das Geheimnis der außerordentlichen Spiritualität damit, dass Konrad schon als Kind Einsicht in die
Gegenwart Gottes gewonnen hatte, sie aber nie preisgab
und versuchte, sein Leben in diese Gegenwart zu stellen[256]:*„Ich bin glücklich und zufrieden in Gott; ich nehme alles*
mit Dank von dem lieben Himmelvater an, sind es Leiden oder

---

[254] Walser, 80.
[255] Walser, 81/82.
[256] Winklhofer, 58.

Freuden. Er weiß ja, was für uns das Beste ist und so bin ich
immer glückselig in Gott.[257]

Konrad wollte alles annehmen, was von Gott kam, gute
und schlechte Ereignisse, gute und schlechte Zeiten. Er
wollte „sein Kreuz tragen: Psychologen würden vielleicht
sagen, Menschen wie Bruder Konrad können auch das
Negative integrieren."[258] Den bekümmerten Bruder Primus richtete er auf mit den Worten: „In Gottes Namen!
Ohne Kreuz geht's nicht."[259]

„Ich bin bemüht, ihn recht zu lieben. O, das ist ja oft mein
einziger Kummer, daß ich so wenig ihn liebe... Ja, ich möchte
ein Seraph der Liebe sein, ich möchte ja oft alle Geschöpfe an-
rufen, daß sie mir doch meinen Lieben Gott lieben helfen. Ich
muß schließen. Ich komme zu weit. Die Liebe hat keine
Grenzen."[260]

Menschliche Sicherheiten zählen für Konrad nicht, sonst
hätte er nicht ohne weiteres auf sein Erbe verzichtet. Er
folgt Jesus, indem er wie dieser den Weg der Niedrigkeit
und des Hörens auf Gottes Botschaft und Willen wählt.[261]

---

[257] Bergmann, 218.
[258] Haberger, 63.
[259] Kessler, 57.
[260] Bergmann,1974, 218.
[261] Sasowski, 1993, 33.

21 Bruder Konrad als Beter und Marienverehrer

Im Beten konnte Konrad sich nicht genug tun. Neben der Demut war dies die zweite herausragende Fähigkeit des Kapuziners. Der Guardian Thomas Hacker bemerkte schon bald nach Konrads Klostereintritt diese Begabung: „Ich habe Johann Birndorfer während des Gebetes beobachtet. Zwar muß er sich noch in den Tugenden des gemeinschaftlichen Klosterlebens üben, aber beim Gebet können sich unsere Brüder an ihm ein Beispiel nehmen. Seine Andacht ist ergreifend. Hat er einmal die Hände gefaltet, so vergißt er alles um sich herum. Ich glaube, es könnte dann ein Haus neben ihm einstürzen, und er rührte sich nicht von der Stelle."[262]

Die nächtlichen Gebetsstunden in der Gruft, das immerwährende Gebet im Klostergarten während der Arbeitspausen, die geliebte winzige Alexiuszelle mit dem Ausblick zum Altar, in der er oft die Zeit vor und nach Empfang der Kommunion verbrachte, der ständige Rat „Da müssen wir halt beten", seine Bitte um gegenseitiges Gebet bei seinen bereits genannten Freunden und seinen Geschwistern, seine zerlesenen Gebetbücher und abgenutzten Ablassbreviere,[263] das Urteil des Kanonikus Hiller von Regensburg, Konrad habe beim Beten ganz offensichtlich Gegenrede vom Tabernakel her empfangen[264] u.v.m. sind Bruchstücke eines Lebens, das ein einziges großes Gebet war. Diesen Aspekt hat Papst Johannes Paul II. besonders betont, als er am 19. November 1980

---

[262] Schmidt, 32.
[263] Kessler, 95.
[264] Kessler, 113.

sich von den Altöttinger Kapuzinern mit den Worten „Auf Wiedersehen im Gebet" verabschiedete.[265]

Vor dem Altöttinger Gnadenbild fühlte sich der Marienverehrer Konrad besonders gut aufgehoben. Schon auf dem Schulweg hatte er ja den Rosenkranz gebetet, hatte in seiner Jugend besonders gern die Marienwallfahrtsorte Kronberg, Langwinkl, Passau und Altötting besucht und seit dieser Zeit den Rosenkranz immer dabei. In einem Brief an die Geschwister schreibt er: *„Daher bitte ich Euch, Ihr möchtet bei meinen Altären fleißig beten und sie öfters mit Blumen zieren und da die seligste Jungfrau verehren. In unserer Klosterkirche wird in dem ganzen Monat hindurch um 7 Uhr abends eine Andacht zur seligsten Jungfrau gehalten."*[266]

Besuchern aus seiner Heimat legte er ans Herz, sie sollten doch für ihn nach Kronberg pilgern.[267] So ließen sich noch unzählige Beispiele aufzeigen, die illustrieren, dass Konrad die Gottesmutter besonders verehrte: sein jahrzehntelanger Ministranten- und zeitweise Mesnerdienst bei der Fünf-Uhr-Messe, das tägliche Marienbrevier und die Lauretanische Litanei, ein Ave Maria auf jeder Treppenstufe als er zum Chorgebet ging.[268] „Die Marienverehrung Konrads hatte trotz ihrer ausgeprägten Art nichts Ungesundes, Überwucherndes an sich und stand ganz harmonisch in seinem Verhältnis zu Gott, ja brachte diese sogar zu einer besonderen Reife und Vollendung" urtei-

---

[265] Schmidt, 76.

[266] Bergmann, 1974, 114.

[267] Kessler, 109.

[268] Kessler, 110.

len die Verfasser eines im Jahr 1991 erschienenen Marien-lexikons.[269]

Sterbebild Rückseite (Kopie zur Heiligsprechung), 1894 (1934)

---

[269] Scheffczyk / Bäumer, 616.

22 Krankheit und Tod

So sehr Konrad auf das Wohlergehen seiner Mitmenschen bedacht war, so wenig achtete er auf sein eigenes. 30 Jahre hindurch schlief er nur 2-3 Stunden, enthielt sich gutes Essen vor und arbeitete unermüdlich. Noch dazu befand sich die Pforte, in der auch Konrads Bett stand, über dem Eiskeller des Klosters, sodass dort im Winter unmenschlich niedrige Temperaturen herrschten. Daher war er immer anfällig für Erkältungen, was seinem Asthma nicht gerade förderlich war und drei Lungenentzündungen heraufbeschwörte.[270] Zudem quälten ihn ständig Magenschmerzen: *„Recht gesund bin ich nie wieder geworden; wie es mir vorkommt, fehlt es mir am Magen"*[271], schreibt er 1864 an seine Geschwister. Schon aus Laufen hatte er ihnen berichtet, dass es mit seiner Gesundheit nicht zum Besten stehe[272] und daran sollte sich sein Leben lang nichts ändern.

Doch selbst in der Krankheit sah Konrad einen Weg, Gott näher zu kommen. Trotzdem suchte er die Krankheit nicht bewusst. Er nahm sie hin und fand genug Kraft, ihr noch einen positiven Aspekt abzugewinnen, wie folgende Zeilen aus dem Brief an die Schwester des Dritten Ordens bestätigen: *„Ich habe vernommen, daß Sie sehr krank sind; auch wieder eine Gnadenzeit für Ihr Seelenheil. Benützen Sie es nur recht. In der Krankheit lernt man viel, wenn man*

---

[270] Winklhofer, 53.

[271] Walser, 69.

[272] Brief vom 6. Februar 1852: *„Und nun weil Ihr wissen möchtet, wie es mir mit meiner Gesundheit ergehe. so kann ich Euch schreiben, daß es mir manchmal nicht gar gut ergeht."* Walser, 40.

nur recht will. Ich hoffe, daß Sie bald wieder gesund wer-
den."[273]

Der Hausarzt Dr. Franz berichtete: „Er wollte nie krank
sein, um seines geliebten Berufes willen, und schleppte
sich fort, bis die zunehmende Altersschwäche, die Atem-
not den treuen Diener Gottes auf das Sterbebett
zwang."[274] Jeder, der Bruder Konrad in seinen letzten
Lebensmonaten begegnete, konnte sehen, dass aus dem
kräftigen Bauerssohn ein gebrechlicher, kraftloser Mann
geworden war. Anna Reitinger schlug ihm vor, sich doch
von seinem anstrengenden Beruf zurückzuziehen. Konrad aber entgegnete, er wolle sich so lange wie möglich
Verdienste sammeln, deshalb könne er nicht einfach aufhören mit der Pförtnertätigkeit.[275]

Am 18. April 1894 bat Konrad um 9 Uhr Bruder Deodat,
ihn an der Pforte zu vertreten, da er sich nicht gut fühle.
Sieben Wallfahrtsprozessionen sollten an diesem Tag empfangen werden und zu allem Überfluss hatte sich sein
Gehilfe Bruder Gilbert krank gemeldet.[276] Bis dahin hatte
Konrad Tag ein Tag aus 41 Jahre lang gewissenhaft sein
Pförtneramt erfüllt. Sasowski sieht Konrad deswegen vor
allem als Heiligen des Alltags, der nicht von sich Reden
machte, indem er etwa eine neue religiöse Bewegung ein-
geführt hatte und damit groß aufgetreten war, sondern
der „das Alltagsleben, das Einfache, was hier und jetzt zu
tun ist, mit einer solchen Überzeugung auf sich nahm

---

[273] Walser, 81.
[274] Bergmann, 1984, 70.
[275] Walser, 129.
[276] Schmidt, 62.

und tat, wie es nur aus einem ganz engen und intimen Kontakt mit Jesus Christus möglich ist."[277]

Konrad quittierte seinen Dienst gegen 14.30 Uhr mit den Worten „Pater Guardian, ich mein, jetzt geht's nicht mehr."[278] Der Obere erlaubte Bruder Konrad, als Krankenstube die Muttergotteszelle zu bewohnen, da er um die Marienverehrung des Konrad wusste.[279] Bruder Primus wurde der Pflegedienst übertragen, doch er konnte Konrad nicht überzeugen, wenigstens auf dem Krankenlager ein paar Annehmlichkeiten anzunehmen. Also schlief Konrad weiterhin auf einem Strohsack. Der Bezirksarzt Dr. Zahler verschrieb Medikamente gegen Lungenverschleimung und Husten.[280] Zwei Tage hütete der Kranke das Bett, dabei den Rosenkranz betend. Am 21. April verschlechterte sich sein Zustand, sodass er um 16 Uhr die Generalabsolution und die heilige Ölung vom Guardian Pater Alois Schmid (1849-1915) empfing.[281] Auf die Frage, ob er Angst vor dem Sterben habe, antwortete Konrad schlicht: „Wie Gott will!"[282]

Sein langjähriger Gehilfe Bruder Gilbert besuchte Konrad in der Muttergotteszelle. Konrad aber war kurz angebunden: *„Ich red' jetzt nichts mehr, ich muß mich vorbereiten für die Ewigkeit."*[283] Auch seinen Krankenpfleger entließ er abends, damit dieser noch einen anderen Bruder ver-

---

[277] Sasowski, 1993, 19.
[278] Winklhofer, 1979, 53.
[279] Walser, 130.
[280] Kessler, 125.
[281] Walser, 132.
[282] Schmidt, 63.
[283] Bergmann, 1974, 324.

sorgen konnte. Als die Pfortenglocke läutete, erhob sich Konrad von seinem Krankenbett in dem Glauben, der diensthabende Bruder hätte das Zeichen überhört. Der Novize Christoph Bauer sah ihn mit einer brennenden Kerze vor seiner Zelle zusammensinken und konnte ihn gerade noch auffangen. Mit Hilfe herbeigerufener Brüder brachte er Konrad in die Zelle zurück, wo dieser wenige Minuten später - es war gerade 19 Uhr - starb.[284]

Am Dienstag, dem 24. April 1894 hielten die Mitbrüder das Requiem in der St. Annakirche. An dem Zug um die Gnadenkapelle beteiligten sich unzählige Volksleute.

Pater Viktrizius Weiß[285], ein Zeuge im späteren Seligsprechungsprozess, dessen schriftliches Urteil über Konrad den Prozess wesentlich voranbrachte, berichtete: „Beim Tode des Bruders Konrad war ich nicht dabei, dagegen glaube ich, dass ich dessen Beerdigung selbst vorgenommen habe."[286] Im Personalbuch des Klosters, in dem Ordenseintritte, Professen und Todesfälle festgehalten werden, vermerkte er: „Per quadraginta unum annum janitor ad St. Anna, vir piissimus, quem populus ut Sanctum venerabatur."[287]

---

[284] Eder, 29.
[285] Pater Viktrizius Weiß (1842- 1924). kannte Bruder Konrad aus seiner Zeit als Provinzial in Altötting. Der Seligsprechungsprozess für ihn wurde eingeleitet.
[286] Walser, 137.
[287] Walser, 137.

23 Die Grabstätte

Zunächst wurde Konrad, wie alle Angehörigen des St. Annaklosters in der Kapuzinergruft unter dem Presbyterium der Kirche beigesetzt, wo er selbst unzählige Stunden im Gebet verbracht hatte. Heute ist diese Gruft öffentlich zugänglich. Eine Tafel erinnert dort an Bruder Konrad. Damals aber gehörte die Gruft zum Klausurbereich und war somit für die Allgemeinheit geschlossen.[288] Im Oktober 1912 wurden die Gebeine dann in die St. Annakirche übertragen, wo sie 1925 in einer Mauernische eine neue Ruhestätte fanden.[289] Schon lange hatten die Gläubigen dies gefordert, denn die Verehrung setzte gleich nach Bruder Konrads Tod ein. Heute bildet der Glasschrein, der in einer Wachsfigur die Reliquien des Heiligen birgt, den Mittelpunkt der Kirche. Die liegende Figur wurde zudem versilbert.

Am 13. Oktober 1912 fand die Einweihung der Basilika statt, deren Bau Pater Josef Anton Kessler vorangetrieben hatte. Für ihn stand die Mithilfe Konrads bei diesem Projekt außer Frage, sodass er gelobte, sich für die Seligsprechung einzusetzen. Die fertiggestellte Basilika wurde der heiligen Anna geweiht, während die Klosterkirche, sowie auch das Kloster heute den Namen St. Konrad tragen.

---

[288] Kessler, 131.
[289] Kessler, 136.

Postkarte zur Seligsprechung, 1930

24 Die Seligsprechung (1930)

Das Kirchenrecht schreibt bei einem Kanonisationsverfahren die mehrmalige Untersuchung des Leichnams der betreffenden Person vor. Bruder Konrad wurde daher am 14. Oktober 1912 zum ersten Mal exhumiert. Bezirksarzt Dr. Schmid bestätigte, dass die natürliche Verwesung eingesetzt habe, der Mittelfinger der linken Hand allerdings durch trockene Mumifizierung erstaunlich gut erhalten sei.[290] Heute wird dieses Gliedmaß, um den Bruder Konrad stets den Rosenkranz geschlungen hatte, als Reliquie verehrt.

Die erste Sitzung der zuständigen Kongregation fand am 21. April 1914, also schon an Konrads 20. Todestag, in Passau unter dem Vorsitz des Diözesanbischofs Sigismund Felix Freiherr von Ow-Felldorf (1907-1936) statt. Prälat Dr. Pell, Rektor der theologischen Hochschule in Passau, die Domkapitulare Muggenthaler und Dr. Wieherer und Hochschulprofessor Dr. Leitner gehörten dem Gerichtshof an. Als Aktuare fungierten die Domvikare Dr. Dangl und Hauth, als Kursor Benefiziat Ecker. Die Präliminarien verfasste der Domprediger Stadler. 85 Sitzungen folgten, in denen 68 Zeugen verhört wurden.

Der Prozess endete am 7. Januar 1915 mit der 96. Sitzung. Allerdings konnten die Akten wegen des zu erwartenden Krieges mit Italien erst Ende 1919 der Heiligen Ritenkongregation in Rom übergeben werden. Es dauerte nun sechs Jahre, bis schließlich am 23. Januar 1925 der Apostolische Prozess in Passau eröffnet werden durfte. Der

---

[290] Kessler, 134.

Diözesanbischof leitete diesen nun als päpstlicher Bevollmächtigter. Den päpstlichen Gerichtshof bildeten Dompropst und Prälat Dr. Franz Seraph Pichler, Prälat Dangl, die Hochschulprofessoren Msgr. Dr. Martin Leitner, Prälat und Hochschuldirektor a.D. Dr Andreas Seider.

Nicht einmal ein ganzes Jahr benötigte die Passauer Kurie, um in 160 Sitzungen 86 Zeugen zu verhören: sie beendete den Prozess am 21. November 1925. Allein diese Zügigkeit war sensationell. Sie wurde belohnt durch die Anerkennung des Prozesses am 23. Juni des darauffolgenden Jahres.[291]

Die Tugenden des Bruder Konrad waren anerkannt, jetzt mussten aus den vielen Gebetserhörungen zwei Wunder[292] ausgewählt werden, die der kirchlichen Prüfung stand hielten. Dazu einigte man sich auf die wunderbare Heilung der Kunigunde Aepfelbacher[293] und der Elise

---

[291] Kessler, 135.

[292] Kolping nennt drei Kriterien für Wunder: 1. Es muß sich um eine unserer natürlichen Erkenntnis zugängliche Tatsache handeln, die durch die eigene Erfahrung oder zuverlässige Zeugenaussagen bezeugt werden kann. 2. Diese Tatsache muß in außerordentlicher Weise auf Gott aufmerksam machen, d.h. über die Natur hinausragen. 3. Die Tatsache muß im physischen oder wenigstens ideellen Zusammenhang mit der Offenbarungsaussage stehen. Kolping, A., Fundamentaltheologie Bd. I. Münster 1968. 299f. Seit 1975 genügt jeweils *ein* Wunder für die Selig- bzw. Heiligsprechung. Sieger, Marcus, Die Heiligsprechung. Geschichte und heutige Rechtslage. Würzburg 1995, 377.

[293] Kunigunde Aepfelbacher aus Kronach litt an unheilbarem Beinfraß. Sie betete zu Bruder Konrad um Hilfe und wurde 1926 auf unerklärliche Weise für immer geheilt. Kessler, 138/139.

Erl.[294] Die Kirche erkannte die Wunder an und so verkündete Pius XI. am 15. Juni 1930 unter Anwesenheit von
zahlreichen Gläubigen, u.a. etwa 500 bayerischen Pilgern,
den Namen eines neuen Seligen.[295] Zur gleichen Zeit hielt
Simon Konrad Landersdorfer[296] in Altötting ein Pontifi-
kalamt, an dessen Anschluss eine Reliquienprozession
stattfand und der Bruder-Konrad-Brunnen eingeweiht
wurde.[297]

Vom 24. August bis 7. September feierten über 100.000
Gläubige bei den Festwochen in Altötting den neuen
Seligen.

---

[294] Elise Erl aus Wasserburg wurde auf die Anrufung des Bruder Konrad als 4jähriges Mädchen 1922 von einer angeborenen rachitischen
Steh- und Gehunfähigkeit geheilt. Schamoni, Wilhelm, Wunder
sind Tatsachen. Würzburg [10]1976, 62.

[295] Kessler, 140.

[296] Simon K. Landersdorfer OSB, Abt von Scheyern, ab 1936 Bischof
von Passau.

[297] Kessler, 140.

25 Die Heiligsprechung (1934)

Von diesem Erfolg angespornt begann P. Josef Anton
Kesssler noch im Dezember 1930, das Heiligsprechungs-
verfahren in die Wege zu leiten. Schon 4 Jahre später war
das Kanonisationsverfahren abgeschlossen. Am 27. Februar 1934 bestätigte man die Heilung von Frau Maria
Zech[298] aus Schwaben und Frau Auguste Scheidle[299] aus
Tirol, denn zwei weitere Wunder nach der Seligsprechung waren Voraussetzung gewesen. Mit den Worten
„Zur Ehre der heiligen und ungeteilten Dreieinigkeit, ...
beschließen und entscheiden wir, ... unter Zustimmung
unserer ehrwürdigen Brüder, der Kardinäle der Heiligen
Römischen Kirche, der Patriarchen, Erzbischöfe und Bi-
schöfe, die in Rom anwesend sind, dass der selige Bruder
Konrad von Parzham ein Heiliger ist, und tragen ihn ein
in das Verzeichnis der Heiligen, indem wir bestimmen,
dass sein Andenken von der gesamten Kirche alljährlich
an seinem Todestag unter den Heiligen fromm gefeiert
werden soll."[300] verkündet Papst Pius XI. Pfingsten 1934
(20. Mai) die Kanonisation. Im Anschluss an diese Wür-
digung sang der Kardinaldiakon zum ersten Mal „Ora
pro nobis, Sancte Conrade."[301]

---

[298] Die akute Knocheneiterung an der rechten Hand der Maria Zech
aus Bedernau in Schwaben wurde auf die Fürbitte Konrads geheilt. Kessler, 141.

[299] Die Tirolerin Auguste Scheidle litt an offener zehrender Lungen-
tuberkulose und wurde während des Krankengottesdienstes geheilt. Kessler, 141.

[300] Kessler, 142.

[301] Kessler, 143.

Ungewöhnlich schnell war auch diesmal die Causa verhandelt worden. 200 Jahre waren seit der letzten Heiligsprechung eines Deutschen vergangen.[302] Ganz offensichtlich trugen Konrads Haupttugenden Demut und Nächstenliebe wesentlich dazu bei. In diesen Eigenschaften verkörperte er das genaue Gegenbild eines Nationalsozialisten. Sein Charakter und sein Verhalten widersprachen im Ganzen dem national-sozialistischen Ideal vom Herrenmenschen. Mit der höchsten kirchlichen Ehrung für Bruder Konrad erteilte Rom der NSDAP und ihrer Ideologie eine klare Absage.[303]

In Altötting beging man wiederum eine Festwoche zur Heiligsprechung (25. August bis 9. September 1934). In einem Aufruf zu dieser Veranstaltung wurde die Pfingstpredigt des Papstes zitiert: „Es soll vor allen Augen aufleuchten und erstrahlen dieses Licht echter Heiligkeit, das der demütige Kapuzinerbruder in sich ausprägt. Es soll allen lehren und mahnen, wie weit jene vom rechten Wege der Wahrheit abirren, die heidnische Gebräuche und Sitten erneuern und zu verherrlichen suchen, die christliche Lehre aber zurückweisen und verachten ...“[304]

Aber auch in Deutschland selbst wird Kritik am neuen System laut. Im Berliner Sportpalast, eben dort wo Göbbels mit seiner propagandistische Rede vom „Totalen

---

[302] Der letzte deutsche Heilige vor Konrad war Fidelis von Sigmaringen (+1622). Papst Benedikt XIV. reihte ihn 1746 in die Heiligenschar ein. Kessler, 143.

[303] Wurster, Herbert W., Die politische Bedeutung eines unpolitischen Heiligen. In: In Gott verwurzelt, den Menschen verpflichtet. Bruder Konrad von Parzham. Passau 1994, 82.

[304] Wurster, Die politische Bedeutung..., 84/85.

Krieg" die Massen bewegte, feierte die Katholische Aktion Berlin am 21. November 1934 ihren Jahrestag unter dem Motto „Heiliger Bruder Konrad, bitte für uns".[305] Es war dies eine Provokation gegen das neue Regime, dem der Tod des Vorsitzenden der Berliner Katholischen Aktion, Dr. Erich Klausener, angelastet wurde.[306]

Allerdings gab es unter den Gläubigen nicht nur Begeisterte. „Doch die gläubigen Akademiker empfanden es fast wie eine Herablassung und Demutsübung, dass sie zu dem neuen Heiligen, diesem einfachen und unstudierten Klosterbruder, kommen und um seine Hilfe flehen sollten. War er doch schließlich nicht bloß ein Niederbayer und hatte er bei seinem Bildungsstand auf eine solche Ehrung überhaupt einen Anspruch?"[307]

---

[305] Wurster, Die politische Bedeutung..., 85/86.
[306] Wurster, Die politische Bedeutung ..., 86.
[307] Winklhofer, Alois, Die Botschaft des heiligen Bruder Konrad. In: Sammelordner Bruder Konrad Jahr 1994. Abschnitt I. Hrsg. vom Bischöflichen Seelsorgeamt Passau 1994, 3.

26 Bruder Konrad Verehrung

Ist Konrad wirklich ein „Gestriger ... : Rosenkranz, Ab-
lässe, Marienverehrung, Arme Seelen, Weihwasser!"[308],
dem selbst heutige Kapuziner unverständig gegenüber-
stehen? Die Verehrung hat gerade seit dem Jubiläumsjahr
1994 wieder zugenommen, nachdem Striedl „eine Flaute
der letzten Jahrzehnte"[309] konstatiert. Gut besuchte Ver-
anstaltungen in Parzham zu Ehren des 100. Todestages
bestätigen dies: Beim Festgottesdienst am 21. April feierten 72 Gläubige ihren Namenspatron und mit ihnen 400
weitere Gottesdienstbesucher, drei Tage später wurde
das Musical „Wagner und das Glück der Welt" urauf-
geführt, das gerade die Ausstrahlung des Heiligen in der
heutigen Welt thematisiert; am Jubiläumsgottesdienst,
der jährlich am 1. Mai in Parzham stattfindet, nahmen ca.
2000 Pilger teil, das Bayerische Fernsehen sendete diesen
Festakt; die Jugendchöre der Diözese Passau trafen sich
zu einem Wallfahrtstag in Parzham; verschiedenste Vereine (Frauenbund, Trachtenverein etc.) unternahmen
Wallfahrten nach Parzham oder von Parzham zu Wallfahrtsorten, die auch Konrad besuchte.[310] Nach Schätzun-
gen des Bruder Konrad Vereins besuchten im Jubiläumsjahr ca. 80.000 - 100.000 Wallfahrer die Heimat des Heiligen.[311]

Seit November 1999 stehen allen Interessierten Muse-
umsräume in einem Nebengebäude des Hofes offen, die

---

[308] Winklhofer, 1994, 3.

[309] Striedl, 58.

[310] Jahresbericht des Bruder Konrad Vereins Parzham. 1993/94.

[311] Jahresbericht des Bruder Konrad Vereins Parzham. 1994/95.

neben bäuerlichen Geräten aus dem 18. Jahrhundert vor allem auch das Leben des Heiligen dokumentieren. Dort hat man auch eine Weltkarte aufgehängt, in der alle Länder, die über eine Bruder-Konrad-Kirche verfügen, gekennzeichnet sind. In Afrika gibt es 14, in Südamerika 7, in Nordamerika 3 und in Asien 4 Konrad Kirchen.

Daneben brachte man eine Deutschlandkarte an, die die Streuung der 105 Konrad geweihten Kirchen auf dem ganzen Bundesgebiet zeigt. Seit 1. Juli 1984 ist Konrad nach Valentin und Maximilian der dritte Patron der Diözese Passau, in der ihm neun Kirchen gewidmet werden (u.a. Böhmzwiesel, Burghausen, Altschönau, Grüb, Rehschaln, Stockahausen, Hacklberg, Altötting).

27 Die bleibende Botschaft des Bruder Konrad

Selbst wenn man Bruder Konrad als ein Kind seiner Zeit betrachtet, so bleibt doch ein Graben zwischen seiner Welt, seiner Frömmigkeit und der heutigen Welt und der postmodernen Frömmigkeit. „Wenn er wirklich so etwas wie eine bleibende Botschaft hat," ist Habergers Meinung, „dann einfach, dass ein ganz normales Leben ganz gut gehen kann."[312] Gerade sein „ganz normales Leben" war eine enorme Leistung. Auf diese Weise ist Konrad ein Heiliger des Alltags. Wenn der Alltag aber als eigentliche „Schule des Lebens"[313] begriffen wird, hat Konrad dort summa cum laude abgeschlossen. Er wurde nicht müde, täglich seinen Dienst zu erfüllen; er verzweifelte nicht an der Gleichförmigkeit seines Lebens, die die heutige Erlebnisgesellschaft als „Eintönigkeit" bezeichnen würde. Konrad suchte nicht die großen Abenteuer, sondern war hellhörig auf das, was Gott mit ihm vorhatte. Er nahm sich sehr viel Zeit für Gott. Darin kann er heute noch als Vorbild dienen, das zwar unerreicht bleibt, aber die heilmachende Wirkung des Gebetes aufzeigt. Auch der moderne Christ erzählt seine Sorgen und Probleme eher dem Psychiater, als dass er sie vor Gott bringt. Konrads Allheilmittel „Da müssen wir halt beten" ist heute nicht gefragt. Zu unsicher erscheint da das Erfolgsrisiko. Schließlich will man gleich Ergebnisse sehen, eine Besserung spüren. Woher auch kann man das große Vertrauen nehmen, das Konrads Aussage ausstrahlt? Auch das ist eine seiner bleibenden Botschaften: der Christ muss nicht kleingläubig sein!

---

[312] Haberger, 67.
[313] Schütz, Christian, Lesebuch für Gottsucher. Freiburg i. B. 1990, 21.

Konrads Theologie war einfach. Sie war nicht vom Verstand, sondern vom Herzen geprägt. Damit kann er heute noch ermuntern. Es bedarf nicht theologischer Höhenflüge, um würdig zu sein vor Gott hinzutreten mit seinen Anliegen. Konrad war „kein Theologe, aber ein Mystiker, eigentlich kein Kapuziner, sondern ein einfacher Christ, der Gott im Geist und in der Wahrheit anbetete und Glaube, Hoffnung und Liebe in Werk und Leben umsetzte, der sich zwar aller äußeren Brücken zum Geheimnis Gottes, wie Rosenkranz, Ablass, Wallfahrten und Sakramentalien bediente und sie doch eigentlich nicht brauchte."[314]

Jeder Mensch ist Bild Christi, und damit wertvoll. Das lässt sich heute noch aus Konrads tätiger Nächstenliebe ableiten, die keinen Menschen verachtete.[315] Im Gegenteil: jeden anderen nahm er wichtiger als sich selbst. Gerade auf diesen Aspekt kann man das Hauptaugenmerk richten in einer Zeit, in der Selbstverwirklichung und -entfaltung großgeschrieben werden.

Durch Konrads Kanonisation wurde ein Zeichen dafür gesetzt, dass Gott nicht in den Maßstäben der Menschen misst. Im Fastenhirtenbrief von 1984 schreibt der Passauer Bischof Franz Xaver Eder ein heute noch aktuelles Wort: „Durch das radikale Ernstnehmen Gottes ist Bruder Konrad für unsere Zeit, die Gott fast schon vergessen hat, zum Provokateur geworden."[316]

---

[314] Winklhofer, 1994, 8.
[315] Striedl, 55.
[316] Fastenhirtenbrief des Passauer Bischofs 1984. In: Sammelordner zum Bruder Konrad Jahr 1994. Hrsg vom Bischöflichen Seelsorgeamt. Passau 1994. Ohne Seitenzahl.

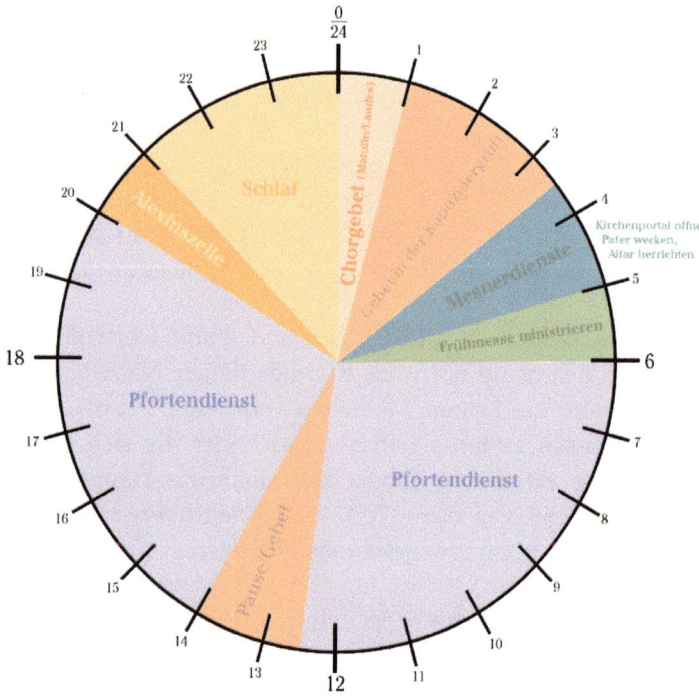

V Stundenentwurf (Religionsunterricht)

1 Vorbemerkung

Für Prof. Dr. Hans Mendl haben die Heiligen als Vorbilder für Kinder und Jugendliche nicht ausgedient. Er plädiert allerdings für Heilige des Alltags. Diese „stillen Helden" leisten „auf den ersten Blick ... nichts Außergewöhnliches. Sie tun Tag für Tag das, was das Leben von ihnen verlangt, wofür sie sich bewusst entschieden haben."[317] Diese Charakterisierung trifft nach obigem Text genau auf Bruder Konrad zu.

Dabei muss man sich aber bewusst sein, dass Konrad dennoch für die Kinder und Jugendlichen der heutigen Welt eine fremdartige Person aus einer längst vergangenen, längst überholten Zeit darstellt. Bruder Konrad zu „erden" wie Prof. Mendl es für alle Heiligen empfiehlt, ist daher schwierig, obgleich obige Beschreibung auf ihn zutrifft.

Schon 1978 schriebt A. Biesinger, die Aufgabe religionspädagogischer Lernprozesse sei, christliches Leben als eigentliches Gelingen menschlichen Lebens zu verdeutlichen.[318]

Von der 3. bis 5. Jahrgangsstufe bietet sich das Thema „Beten als Hören – Beten als Sprechen" an, um über Bruder Konrads Glaubensleben zu sprechen. Innerhalb

---

[317] Interview mit Prof. Dr. Mendl im Passauer Bistumsblatt vom 16.4. 2000 unter dem Titel „Warum wir Heilige des Alltags brauchen".

[318] Biesinger, Albert, Heilige im religionspädagogischen Prozeß. In: Katechetische Blätter 1/1978. 621-624.

der Firmvorbereitung (6. Jahrgangsstufe oder später) kann Konrad als Zeugnis eines Menschen dienen, der den Ruf Gottes vernommen und befolgt hat: ein von Gott Begeisterter! Bei diesem Aspekt wird man auch bei Bruder Konrad ansetzen müssen. Im Lehrplan für die 8. Jahrgangsstufe des Gymnasiums heißt ein Thema: „Mitte suchen – Mitte finden: Gebet und Meditation". Als ein extremes Beispiel kann in diesem Rahmen die Betpraxis des Bruder Konrad aufgegriffen werden. Sicherlich werden die Schüler das häufige Beten, die nichtzutrennende Einheit von Arbeit und Gebet für vollkommen übertrieben halten. Aber sie können erkennen, dass Konrad ein Kind seiner Zeit war, wie auch sie von der Zeit, in der sie leben geprägt sind. Damals (noch dazu auf dem Land) wurde viel gebetet und so tat es auch Konrad. Heute findet man (auch auf dem Land) nicht mehr viele betfreudige Menschen.

Um sich Bruder Konrad wirklich inhaltlich zu nähern, sodass auch Lebensinhalt und Zeitbezug verständlich werden, genügen 45 Minuten sicherlich nicht. Zwei bis drei Stunden wären angebracht, um Konrad als Beter, Heiligen und Menschen kennenzulernen.

Falls die Schule im Rottal liegt, oder die Distanz nach Parzham nicht übermäßig weit erscheint, sollte unbedingt eine Exkursion zum Geburtshaus eingeplant werden. Dabei kann eine Führung durch das Museum die Lerninhalte vertiefen. Auch besteht dort die Möglichkeit, den Film „Bruder Konrad – Türöffner Gottes" anzuschauen. Als Abschluss kann eine kleine Andacht oder Meditationseinheit gebetet und gesungen werden. die Räumlichkeiten dafür sind dort gegeben. Eventuell erklärt sich auf Anfrage auch der Museumsbetreuer oder der Vorsitzende des Bruder Konrad Vereins bereit, Fragen zu beantworten oder sogar die Meditation mitzugestalten.

Es gibt, entsprechend zum reichhaltigen Materialangebot, viele Möglichkeiten, den Schülern Bruder Konrad nahezubringen. Z.B. könnte fächerübergreifend zusammen mit dem/r Musiklehrer/in das Musikspiel „Wagner und das Glück der Welt"[319] (je nach Zeitaufwand und Begabung in verkürzter oder vereinfachter Version) einstudiert werden.

---

[319] Hany, Gerhard, Wagner und das Glück der Welt. Musikspiel zum 100. Todestag des Heiligen Bruder Konrad. Musikverlag Dornbusch, Pfarrkirchen 1994.

2 Beispiel einer Unterrichtsstunde

Thema: Ein Tag im Leben des Bruder Konrad, eines „Mega-Beters"

Stundenziele: Bruder Konrad schöpft Kraft aus dem Gebet. Die Schüler sollen

- sich bewusst werden, womit sie ihre Zeit verbringen.
- Konrads Biographie kennen.
- erkennen, dass für Konrad Beten den höchsten Stellenwert einnahm.

Stundenverlauf

Inhaltliche Schritte	Sozialformen/Medien
1. Einstieg (12 Min.)	
L zeigt eine große Uhr oder ein großes Zifferblatt	Uhr oder Zifferblatt
L-Impuls: *Es ist klar, was die Uhr anzeigt. Was kann sie nicht anzeigen?* (Was während der angezeigten Zeit geschieht.)	Unterrichtsgespräch, frontale Sitzordnung
L: *Zeichnet so ein Zifferblatt in Euere Hefte! Zeichnet aber anstelle von nur 12 Stunden 24 Stunden ein, sodass dort, wo 6 Uhr stünde nun 12 Uhr steht. Dann überlegt ihr Euch, zu welcher Zeit ihr was macht und zeichnet dies in Seg-*	Hefteintrag

menten ein, z.B. von 8 Uhr morgens bis 13 Uhr mittags Schule. Füllt so den ganzen Kreis! Verwendet auch Farben und beschriftet die Segmente! Einzelne S zeigen ihr Zifferblatt und kommentieren es. Ein S fasst zusammen, welche Tätigkeiten aufgeführt wurden und ermittelt, ob eine bestimmte Tätigkeit besonders häufig genannt wurde.	
2. Ziel- /Themenangabe L: *Wir wollen uns heute auf die Spur eines außergewöhnlichen Talentes machen: eines Mannes, der die meiste Zeit mit einer in Vergessenheit geratenden Tätigkeit verbrachte: mit dem Gespräch mit Gott. Es geht – um in Eurer Sprache zu sprechen – um einen „Mega-Beter".*	
3. Erarbeitung **Schritt 1** (15 Min.): Biographie des Bruder Konrad S sollen im Internet nach Daten über Bruder Konrad suchen.	Computer, Partnerarbeit

Hilfestellung: Er war Kapuziner. (www.kapuziner.de)	
Die Informationen sollen in einer Art Steckbrief im Heft unter dem Zifferblatt eingetragen werden: Name: Johann Birndorfer Geboren am: 22. Dezember 1818 In: Parzham Eltern: Bartholomäus und Gertraud Birndorfer Geschwister: 11 Wohnort(e): Parzham, Altötting Beruf(e): Knecht, Pförtner im Kapuzinerkloster Hobbies: Wallfahrten Gestorben am: 21. April 1894 Besonderheiten: Seligsprechung 1930, Heiligsprechung 1934	selbständiger Hefteintrag
Überprüfung der Richtigkeit und Vollständigkeit der Daten im Plenum.	Unterrichtsgespräch

Schritt 2 (13 Min.)	
Anhand der Aussagen des folgenden Textes ein „Zifferblatt" für einen Tag in Konrads Leben erstellen.	Textblatt (Kopie) Hefteintrag

Text:

Sein Gleichmut, sein Sanftmut, die Ausdauer und Beharrlichkeit drückte sich auch in seiner konsequenten Lebensführung aus. 41 Jahre lang blieb sein Tagesablauf ständig derselbe: um halb vier Uhr morgens öffnete er die Kirchenportale, wenn der Mesner, Bruder Sakristan (Meinrad Sailer aus Augsburg), erkrankt war. Im Winter verschob sich die Öffnungszeit um eine Stunde nach vorne. Wenn dann die ersten Pilger den Wallfahrtsort erreichten, weckte er den jeweiligen Pater (um 4.30 Uhr) zur Frühmesse. Er selbst hatte das Vorrecht, bei diesem allerersten Gottesdienst um 5 Uhr zu ministrieren. Oft übernahm er noch die Aufgabe, die Altäre und die Sakristei vorzubereiten und abreisenden Gästen nach der Frühmesse Frühstück zu machen. Wie schon erwähnt, begannen eine Stunde später die Geschäfte an der Pforte, die ihn 11 ½ (im Winter) bzw. 12 ½ Stunden (im Sommer) in Anspruch nahmen, und von denen er nur mittags zwischen 12.30 und 14 Uhr entbunden war, wenn sein Gehilfe ihn vertrat. Nach dem Abendessen betete Konrad in der sogenannten Alexiuszelle, bevor er um 21 Uhr abends die Kapelle für den erkrankten Bruder Sakristan schloss. Anschließend konnte er sich ein paar Stunden zur Ruhe legen. Doch schon um Mitternacht fanden sich die Mönche zum etwa einstündigen Chorgebet zusammen. In den ersten Ordensjahren zog es Konrad danach in die Klostergruft, wo er bis zum Beginn seines Tagewerks für die verstorbenen Brüder betete. Der Guardian Peter Chrysologus Behr (1830-1879) verbot ihm schließlich 1876 diese Praxis.

4. Vertiefung (5 Min.) S sollen Konrads Kreis mit ihrem Tageskreis vergleichen: L: *Welche Unterschiede fallen auf? Was sind mögliche Gründe für die Unterschiede? Berücksichtige dabei auch die Informationen über sein Leben, die du aus dem Internet gewonnen hast.* Bruder Konrad verbringt viel Zeit an der Pforte oder beim Gebet. Für ihn ist aber Arbeit und Gebet identisch.	Unterrichtsgespräch

VI QUELLENVERZEICHNIS - LITERATUR

Albrechtskirchinger, Georg, Unser Bruder Konrad von Parzham. München-Pasing 1940.

Amann, Konrad J., Heilige als Patrone (Bruder Konrad). Ein Materialangebot. In: Sammelordner Bruder Konrad Jahr 1994. Abschnitt I. Hrsg. vom Bischöflichen Seelsorgeamt Passau 1994.

Bergmann, Georg, Bruder zwischen gestern und morgen. Konrad von Parzham. Passau 1974.

Bergmann, Georg, Bruder Konrad, ein Leben im Lichte des Kreuzes. Altötting 1984.

Eder, Erich, Bruder Konrad von Parzham (Johann Birndorfer), der Heilige des Rottals. In: Bruder Konrad von Parzham. Ein Heiliger des Rottals. Ausstellungskatalog. Passau 1985.

Frank, Karl Suso, Bruderschaft (Kirchengeschichtlich). LThK, Bd. 2.

Fastenhirtenbrief des Passauer Bischofs 1984. In: Sammelordner zum Bruder Konrad Jahr 1994. Hrsg vom Bischöflichen Seelsorgeamt. Passau 1994.

Groißmeier, Michael, Die Heiligsprechung der Hühner, Ergolding 1999.

Gutschera, Herbert (u.a.), Kirchengeschichte - ökumenisch, Bd. 2. Stuttgart 1995.

Haberger, Konrad, Begegnungen. Winzer 1999.

Hartmann, Peter Claus, Das Bistum Passau im 19. und 20. Jahrhundert. In: Ostbairische Grenzmarken 31 (1989).

Hochholzer, Adolf, Wurzeln unseres Glaubens, Passau 1994

Hoedl, P. Franz X. OFMCap., Bruder Konrad. Ein Pilgerbüchlein. Altötting ⁸1997.

Hubensteiner, Benno, Kirche und Frömmigkeit im bayerischen 19. Jahrhundert. In: Ostbairische Grenzmarken XIV (1972).

Jahresbericht des Bruder Konrad Vereins Parzham. 1993/94.
Jahresbericht des Bruder Konrad Vereins Parzham. 1994/95.

Kessler, P. Josef Anton OFMCap., Im Dienste Gottes und der Menschen. Altötting 7/1960.

Krug, P. Viktor, Unsere Namenspatrone, Bamberg 1929.

Lindner, P. Edilbert, Bruder Konrad, Du hörst uns läuten. Altötting 1970.

Pötzl, Walter, Ostbayerische Volksfrömmigkeit im 19. Jahrhundert auf der Grundlage der Physikatsberichte. In: Ostbairische Grenzmarken XXX/ 1989.

Sasowski, Reinhard, Bruder Konrad von Parzham. Ein ungewöhnliches Leben. Passau 1993.

Scheffczyk, L./Bäumer R., Marienlexikon. St. Ottilien 1991.

Schmidt, Paul-H., Bruder Konrad von Parzham - Klosterpförtner in Altötting. Jestetten 1994.

Schneider, Bernhard, Bruderschaft (Liturgisch). LThK, Bd. 2.

Schuchert, August/ Schütte, Heinz, Die Kirche in Geschichte und Gegenwart. Kempen 1970.

Schütz, Christian, Lesebuch für Gottsucher. Freiburg i. B. 1990.

Striedl, Hans, Bruder Konrad - Ein Lebensweg auch für heute? In: In Gott verwurzelt, den Menschen verpflichtet. Hl. Bruder Konrad von Parzham. Passau ²1994.

Stärk, P. Herman Josef, Wie Bruder Konrad in den Himmel kam. Das Tugendleben des seligen Bruders Konrad. München 1934.

Walser, Gaudentius, Der heilige Bruder Konrad 1818-1894. Altötting 1984.

Willwert, P. Bruno, Der Venushof in Karpfham. In: Bruder Konrad von Parzham. Ein Heiliger des Rottals. Ausstellungskatalog. Passau 1985.

Winklhofer, Alois, Die Botschaft des heiligen Bruder Konrad. In: Sammelordner Bruder Konrad Jahr 1994. Abschnitt I. Hrsg. vom Bischöflichen Seelsorgeamt Passau 1994.

Wührer, P. Kosmas, Bruder Konrad, der heilige Pförtner. Altötting 1980.

Wurster, Herbert W., Das kirchliche Leben im Rottal in der 1. Hälfte des 19. Jahrhunderts. In: Bruder Konrad von Parzham. Ein Heiliger des Rottals. Ausstellungskatalog Passau 1985.

Wurster, Herbert W., Geschichte des Bistums Passau in der Zeit des heiligen Bruder Konrad. In: In Gott verwurzelt, den Menschen verpflichtet. Hl. Bruder Konrad von Parzham. Passau 1994.

Wurster, Herbert W., Die politische Bedeutung eines unpolitischen Heiligen. In: In Gott verwurzelt, den Menschen verpflichtet. Bruder Konrad von Parzham. Passau 1994.